# ¡Piensa como un genio!

## Relatos inspiradores de matemáticos y científicos

### David E. McAdams

Copyright © 2025. Todos los derechos reservados. Ninguna parte de este documento puede copiarse, almacenarse ni transmitirse por ningún medio sin el consentimiento expreso y por escrito del titular de los derechos.

# Tabla de contenido

Guía para padres ........................................................................... 1
Los exploradores del caos: un equipo que se atrevió a maravillarse
................................................................................................... 7
Sir Isaac Newton – Pensar sobre lo ordinario ............................. 8
Julia Robinson – La reina de seguir adelante ........................... 10
Zenón de Elea: cuando equivocarse puede ser maravilloso ..... 11
Eudoxo de Cnido: la importancia de la educación ................... 12
Al-Juarizmi: poco a poco, paso a paso .................................... 14
Arquímedes de Siracusa: el inventor que hizo la vida mejor ...... 16
René Descartes: el hombre que mezcló las materias matemáticas 17
Pierre de Fermat: creador de misterios matemáticos ............... 18
Maria Gaetana Agnesi: equilibrista de cerebro y benevolencia ... 20
Jing Fang: la música de las matemáticas y las matemáticas de la
Luna .......................................................................................... 21
Blaise Pascal: el chico que no podía esperar para aprender ......... 23
Pierre y Marie Curie: el poder de dos chispas brillantes ............. 25
Albert Einstein: impulsado por la curiosidad ........................... 26
Jane Goodall: la mujer que se adentró en la selva ................... 28
Wernher von Braun: el chico que soñaba con cohetes ............. 29
C. V. Raman: el científico que puso la ciencia en primer lugar ..... 31
George Washington Carver: el científico que compartió su luz ... 33
Barbara McClintock: la susurradora del maíz .......................... 34
Albert Schweitzer: el hombre que se preocupó por todo (¡incluso
por sí mismo!) ........................................................................... 35
Leonardo da Vinci: el científico que garabateaba sus sueños ....... 37
Florence Nightingale: la enfermera que lo notaba todo ........... 38
Carl Sagan: el observador de estrellas que hacía preguntas
inteligentes ............................................................................... 40
Galileo Galilei: el observador del cielo que abrió su mente ......... 42
Gregor Mendel: el paciente recolector de guisantes ................ 44
Rosalind Franklin: la compañera que resolvía acertijos ............. 45
Richard Feynman: el gran explicador ....................................... 47
Michael Faraday: la chispa de la verdad .................................. 48
Johannes Kepler: el solucionador del rompecabezas de los planetas
................................................................................................. 49
Nikola Tesla: el hombre que soñaba con chispas .................... 51
Chien-Shiung Wu: la científica que no se rindió ...................... 52

Rachel Carson: la científica que habló por la Tierra......................54
Alexander Fleming: el héroe de la sorpresa mohosa.....................56
Charles Darwin: el explorador que no tenía miedo de decir «No lo sé».........................................................................................58
Tycho Brahe: el extraordinario medidor de estrellas......................59
Dmitri Mendeléiev: maestro del orden en un mundo químico caótico.......................................................................................61
Sophie Germain: la mujer que preguntó «¿Por qué?» una y otra vez..............................................................................................63
Paul Erdős: el hombre que amaba los números más que dormir...65
Leonhard Euler: mago de las matemáticas....................................67
James Clerk Maxwell: el maestro de los patrones ocultos............69

## Guía para padres

**Relatos inspiradores de matemáticos y científicos y las virtudes que enseñan**

*Este libro es más que una colección de historias. Es un jardín de ideas: cada relato es una semilla y cada virtud, un brote de posibilidades. Mientras nuestros hijos escuchan, se asombran e imaginan, les ayudamos a crecer no solo en conocimiento, sino también en carácter.*

Cada científico y cada matemático en estas páginas ofrecen algo más que brillantez. Nos muestran cómo vivir. Sus mentes estiraron los límites de lo posible, pero sus virtudes los mantuvieron firmes: curiosidad, paciencia, imaginación, resiliencia y muchas más. No son solo rasgos de genio, son rasgos de una buena vida.

**Cómo usar este libro con tu hijo**

Al final de cada historia, haz una pausa. Haz preguntas como:
- *¿Qué hizo esta persona que fue difícil?*
- *¿Qué le ayudó a seguir adelante?*
- *¿En qué tipo de persona se estaba convirtiendo?*
- *¿Cómo podríamos practicar esa virtud hoy?*

Estas historias son puntos de partida. Déjalas florecer en conversaciones, garabatos, proyectos familiares y reflexiones. Las virtudes crecen mejor cuando se viven en comunidad.

Anima a tu hijo a escribir en un diario, dibujar, hacer juegos de rol o fijarse metas sencillas inspiradas en cada historia. No son solo "lecciones"; son oportunidades para construir una cultura familiar que honre la sabiduría, la maravilla y el corazón.

# Virtudes para explorar y practicar juntos

## Curiosidad – Marie Curie

Ella hacía preguntas que a nadie se le había ocurrido hacer.

*Prueba esto:* Hagan paseos de curiosidad. Lleven un "Diario del por qué" familiar. Deja que tu hijo te vea preguntarte cosas en voz alta.

## Imaginación – Nikola Tesla

Soñaba máquinas que bailaban con los relámpagos.

*Prueba esto:* Inventen artilugios locos con cartón. Cuenten historias de "¿Y si…?" antes de dormir.

## Perseverancia – Julia Robinson

Falló muchas veces, pero siguió intentándolo, una y otra vez.

*Prueba esto:* Celebren "días de errores". Comparte historias de tus propios fracasos. Hagan de "Vuelve a intentarlo, y luego inténtalo mejor" su lema familiar.

## Observación – Florence Nightingale

Notó patrones que salvaron vidas.

*Prueba esto:* Jueguen a juegos de observación. Recojan datos en casa: ¿quién repone el papel higiénico?, ¿quién alimenta al gato?

## Humildad – Charles Darwin

Permitió que la evidencia transformara sus creencias.

*Prueba esto:* Di en voz alta "me equivoqué". Celebren el valor de cambiar de opinión.

## Precisión – Tycho Brahe

Trazó mapas de las estrellas, nota cuidadosa tras nota cuidadosa.

*Prueba esto:* Cocinen o hagan manualidades con cuidado. Midan y maravíllense. Practiquen hacer una sola cosa despacio y bien.

## Educación – Eudoxo de Cnido

Aprendió todo lo que pudo y luego lo compartió.

*Prueba esto:* Deja que tu hijo te enseñe algo nuevo. Hablen de cómo aprender es un regalo para compartir.

## Aprendizaje temprano – Blaise Pascal

No esperó. Se hizo preguntas temprano y a menudo.

*Prueba esto:* Pregunta a tu hijo: "¿Qué te encantaría aprender ahora mismo?". Luego explórenlo juntos.

## Equivocarse puede ser acertar – Zenón de Elea

Sus errores encendieron siglos de reflexión.

*Prueba esto:* Elogia el pensamiento valiente de tu hijo incluso cuando se equivoca. Pregunta: "¿Qué más podría ser cierto?".

## Pensamiento crítico – Carl Sagan

Enseñó a las personas a cuestionar con sabiduría.

*Prueba esto:* Creen un "Detector de tonterías" familiar. Miren anuncios o lean titulares y pregúntense: "¿Dónde está el truco aquí?".

## Descubrimiento paso a paso – Muhammad ibn Musa al-Juarizmi

Construyó el álgebra, idea a idea, paso a paso.

*Prueba esto:* Cuando tu hijo aprenda algo, pregúntale: "¿Qué viene después?". Anima a ir superponiendo ideas.

## Resiliencia – Chien-Shiung Wu

Se elevó por encima del rechazo con brillantez y gracia.

*Prueba esto:* Cuando la vida sea difícil, di: "Eso fue duro. Y aun así te mantuviste valiente".

## Flexibilidad – Alexander Fleming

Notó la magia en lo inesperado.

*Prueba esto:* Dejen que los accidentes se conviertan en aventuras. Estén abiertos a nuevos rumbos, incluso si no eran el plan.

## Mejorar la vida – Arquímedes de Siracusa

Mejoró el mundo, invento a invento.

*Prueba esto:* Pregunta: "¿Qué podríamos hacer más fácil o mejor en casa?".

## Organización – Dmitri Mendeléyev

Convirtió datos dispersos en una tabla ordenada.

*Prueba esto:* Ordenen calcetines. Ordenen conchas. Mantengan un tablero o cuaderno de "ideas ordenadas".

## Maravilla ante lo cotidiano – Isaac Newton

Preguntó "¿por qué?" cuando la manzana cayó.

*Prueba esto:* Maravíllense juntos en voz alta. ¿Por qué salta la tostadora? ¿Por qué flotan las nubes?

## Conectar ideas – René Descartes

Mezcló álgebra y geometría para crear las gráficas.

*Prueba esto:* Pregunta: "¿Cómo trabajan juntas estas dos ideas?". Combinen música con matemáticas, cocina con química.

## Comunicación – Richard Feynman

Hizo que la ciencia se sintiera como un juego.

*Prueba esto:* Deja que tu hijo te explique ideas. Celebra la claridad. Diviértanse enseñándose mutuamente.

## ¿Y si…? – Pierre de Fermat

Imaginó problemas matemáticos que desconcertaron mentes durante siglos.

*Prueba esto:* Cuando tu hijo enfrente un problema, pregúntale: "¿Qué vas a intentar?".

## Responsabilidad – Rachel Carson

Se levantó en defensa del mundo salvaje.

*Prueba esto:* Cuiden de algo vivo. Pregunten: "¿Quién o qué necesita nuestra ayuda hoy?".

## Equilibrio de vida – Maria Gaetana Agnesi

Encontró tiempo tanto para el servicio como para el estudio.

*Prueba esto:* Programen momentos de aprendizaje tranquilo y de servicio alegre. Pregunta: "¿Quién podría necesitar hoy tu amabilidad?".

## Disciplina – Johannes Kepler

Pasó años siguiendo las curvas del cosmos.

*Prueba esto:* Elijan un proyecto a largo plazo y avancen en él, poco a poco. Celebren el progreso, no la perfección.

## Mentalidad abierta – Galileo Galilei

Vio el universo con ojos nuevos, aun cuando le costó caro.

*Prueba esto:* Den la bienvenida a opiniones distintas. Pregunten: "Miremos otra vez. ¿Qué más podría ser cierto?".

## Exploración asombrosa – La Pandilla del Caos

Se lanzaron a lo desconocido y encontraron belleza escondida.

*Prueba esto:* Sigan las preguntas que emocionan a tu hijo. Dejen espacio para la maravilla desbordante.

## Combinar materias – Jing Fang

Unió matemáticas y música para crear armonía.

*Prueba esto:* Descubran conexiones sorprendentes. Geometría en el fútbol, patrones en la música, ritmo en la poesía.

## Pensamiento final para los padres

El genio no es un rayo que cae de repente. Es una chispa que dura toda la vida. Parpadea en las preguntas hechas a la hora de dormir, en los errores manejados con gracia, en los corazones que se atreven a maravillarse.

Al leer estas historias y reflexionar sobre las virtudes que llevan dentro, no solo estás criando a un niño que sabe de ciencia. Estás criando a un pensador, un soñador, un hacedor. Un niño que aprende a vivir con valor, alegría y sabiduría.

Deja que estas historias sean tu brújula. Deja que la virtud sea la aventura de tu familia.

## Los exploradores del caos: un equipo que se atrevió a maravillarse

No hace tanto tiempo, un grupo de pensadores curiosos se reunió en la Universidad de Santa Clara, en California. Entre ellos estaba un joven llamado Robert Shaw, que no llevaba sombrero de mago, pero definitivamente tenía un cerebro de mago.

Robert y sus amigos no estaban buscando oro ni mapas del tesoro. Estaban explorando algo mucho más extraño: el caos.

*Ilustración 1: La Cabal del Caos*

Pero espera, ¿qué es el caos? ¿Solo una habitación desordenada? ¿Un peinado totalmente alocado? ¡No! En la ciencia, el caos es cuando algo parece aleatorio e impredecible, pero, en el fondo, hay un patrón secreto.

Robert Shaw y su grupo no siguieron caminos normales. Mientras otros científicos estudiaban cosas con respuestas claras, ellos se preguntaban:

- *«¿Por qué el humo se enrolla en espirales?»*
- *«¿Por qué no podemos predecir el clima a la perfección?»*
- *«¿Podemos encontrar orden dentro del desorden?»*

No sabían adónde los llevarían esas preguntas. Pero eso no los detenía. De hecho, ¡eso era lo que más los emocionaba! Creían que lo desconocido no era algo que hubiera que temer, sino algo que había que explorar.

Se llamaron a sí mismos la Cabal del Caos. *Cabal* es solo una palabra elegante para un grupo de pensadores medio secreto. Esta cabal no daba miedo. Rebosaba curiosidad. Creaban máquinas raras, dibujaban gráficos en remolino y construían modelos por computadora que parecían galaxias bailando.

Descubrieron que:
- Un simple grifo que gotea podía comportarse como un solo de batería.
- Una pelota que rebota podía seguir un ritmo secreto.
- Incluso los latidos del corazón, los planetas y la música tenían patrones ocultos dentro de lo que parecía un lío.

A la mayoría de las personas les gustan las respuestas ordenadas. A la Cabal del Caos, no. A ellos les gustaban las preguntas sin mapa, sin brújula y sin garantía de encontrar oro. Sus mentes eran como vehículos exploradores espaciales, avanzando con valentía hacia lo desconocido.

Nos enseñaron que, a veces, para descubrir algo asombroso, hay que estar dispuesto a decir:

«*Todavía no lo sabemos. ¡Vamos a averiguarlo!*»

De Robert Shaw y sus amigos podemos aprender que explorar lo desconocido no da miedo: ¡es emocionante! Que la ciencia no se trata solo de resolver problemas, sino también de maravillarse, perderse un poco por el camino y darle la bienvenida a las sorpresas. Y que, escondido dentro de la tormenta más desordenada, puede haber un baile hermoso si miras lo suficientemente de cerca.

Así que, la próxima vez que veas gotas de lluvia corriendo por una ventana o hojas girando en el viento, recuerda: estás mirando el caos. Y quizás, solo quizás… tú también estés listo para explorarlo.

## Sir Isaac Newton – Pensar sobre lo ordinario

Sir Isaac Newton era un pensador. Pero no del tipo de persona que solo piensa en ideas enormes y alocadas, como máquinas del tiempo o dragones hechos de matemáticas (aunque quizá eso le habría gustado). No, a Newton le encantaba pensar en cosas *ordinarias*, cosas que ves todos los días.

Como caerse.

Como saltar.

Como las manzanas que caen de los árboles.

Como… ¿por qué no salimos flotando de la Tierra como globos?

Ilustración 2: La manzana de Sir Isaac Newton

La mayoría de las personas ni siquiera se lo pregunta. Simplemente dicen: «Claro que nos quedamos en el suelo», y vuelven a jugar o a comerse su sándwich.

Pero Newton no. Él se detenía. Miraba fijamente. Se preguntaba:

«¿Por qué siempre vuelvo a bajar cuando salto?»

«¿Por qué las manzanas caen hacia abajo y no hacia un lado o hacia arriba?»

«¿Qué fuerza invisible está haciendo esto?»

Esa fuerza invisible se llama gravedad, y Sir Isaac Newton ayudó al mundo a entenderla.

Hay una historia famosa que cuenta que, una vez, a Newton le cayó una manzana en la cabeza. ¡Paf! Y que justo en ese momento empezó a pensar en la gravedad. ¿Es verdad esa historia? Tal vez no. Pero nos muestra cómo a Newton le encantaba pensar profundamente en las cosas que parecen aburridas a simple vista.

Cuando empezó a estudiar matemáticas difíciles, Newton se confundió. Muy confundido. Estuvo a punto de rendirse. Pero un día, todo encajó. Tuvo una epifanía, un repentino momento de «¡Ajá!», y de pronto las matemáticas tuvieron sentido.

A partir de entonces, Newton usó las matemáticas como un superpoder para explorar lo ordinario y abrir los candados de los secretos del universo.

Así que la próxima vez que veas una manzana cayendo, o saltes y vuelvas a bajar, o incluso te tropieces con tus propios pies, sonríe un poco. Es el mismo mundo en el que Newton pensaba. Y está lleno de misterios que todavía esperan a que tú los notes.

## Julia Robinson – La reina de seguir adelante

¿Alguna vez has intentado e intentado hacer algo, como quedarte de pie en un solo pie, doblar una rana de papel o resolver un rompecabezas muy difícil y acabas sintiendo que simplemente no sale?

Pues adivina qué: Julia Robinson conocía muy bien esa sensación. Ella era matemática, una persona que resuelve acertijos de números súper complicados como trabajo, y pasó años luchando con problemas que no querían dejarse resolver.

*Ilustración 3: Julia Robinson intenta demostrar un teorema*

Su amiga Elizabeth Scott bromeó una vez diciendo que la agenda semanal de Julia era así:

**Lunes** – Intentar demostrar un teorema

**Martes** – Intentar demostrar un teorema

**Miércoles** – Todavía intentando

**Jueves** – Todavía intentando

**Viernes** – El teorema es… ¡ups, FALSO!

Sí, Julia fallaba mucho. Pero no se rendía. A eso se le llama perseverancia: intentar, fallar y volver a intentarlo de todas formas.

Y había sido perseverante desde que era niña.

Julia se enfermó mucho cuando era pequeña. Tanto que tuvo que faltar dos años enteros a la escuela. Pero, en vez de rendirse, trabajó con una tutora solo tres días a la semana y se puso al día con ¡cuatro grados completos en un año! Es como subir cuatro escalones de un salto mientras los demás los suben uno por uno.

Más adelante, era la única chica en sus clases de matemáticas y ciencias. En esa época, la gente no creía que las niñas debieran crecer para ser científicas o matemáticas. Pero a Julia no le importaba lo que pensaran: amaba las matemáticas y siguió adelante de todos modos.

Todos esperaban que se convirtiera en maestra, porque eso era lo que las chicas "se suponía" que debían hacer. Pero Julia tenía otros planes. Se convirtió en una matemática famosa, no porque fuera "la primera mujer" en hacer algo, sino porque se quedó con problemas imposibles hasta que dejaron de ser imposibles.

Julia dijo una vez:

*«Preferiría que se me recordara... simplemente por los teoremas que he demostrado y los problemas que he resuelto».*

Es una forma elegante de decir: "No quiero un trofeo por ser la primera chica en correr, quiero un trofeo por terminar la carrera".

Así que, la próxima vez que algo sea difícil, acuérdate de Julia. Sigue intentándolo. Aunque sea lunes, martes, miércoles, jueves... e incluso si llega el viernes y la respuesta sigue siendo "no", porque la perseverancia es lo que transforma el "no" en "¡Eureka! ¡Lo he encontrado!".

## Zenón de Elea: cuando equivocarse puede ser maravilloso

Hace mucho, mucho tiempo, hace unos 2.400 años, vivió un filósofo llamado Zenón de Elea. Nació alrededor del año 490 a. C. y estudió en una antigua escuela de pensamiento en lo que hoy es Italia. En aquellos días, la gente no dividía el conocimiento en asignaturas como hacemos ahora. Filosofía, ciencia, religión y matemáticas estaban mezcladas en una misma gran olla de ideas.

Y ahora viene la parte divertida: ¡Zenón tuvo una teoría que resultó estar equivocada… pero de una forma muy útil!

Zenón creía que todo en el universo era un único todo, enorme e irrompible. ¿Cuál era su razón? Imaginó que caminaba hacia una línea de meta. Primero, caminas hasta la mitad del camino. Luego caminas la mitad de lo que queda. Después, la mitad de lo que volvía a quedar. Y así sucesivamente. Zenón decía que, si el espacio podía dividirse para siempre de esa manera, nunca llegarías realmente al final. Así que pensó que el universo debía ser indivisible.

Ilustración 4: Zenón de Elea yendo hasta la mitad del camino

Pero adivina qué: estaba equivocado. Hoy sabemos que el universo se puede dividir en pedacitos pequeñísimos, y que sí puedes llegar al final de ese camino. Pero el error de Zenón hizo que muchas personas empezaran a pensar en serio. Su idea de cortar las cosas en partes cada vez más pequeñas llevó a futuros matemáticos a estudiar los infinitesimales, trocitos tan pequeños que se acercan cada vez más a cero.

Ese tipo de pensamiento encendió la chispa que llevó al descubrimiento del cálculo, una herramienta poderosísima que hoy se usa en ciencia, ingeniería, viajes espaciales, ¡e incluso en el diseño de videojuegos!

Así que, aunque Zenón no acertó del todo, ayudó al mundo a dar un gran salto hacia adelante solo por atreverse a escribir sus ideas.

A veces, equivocarse es el primer paso hacia algo asombroso.

# Eudoxo de Cnido: la importancia de la educación

¿Alguna vez has intentado descubrir algo, solo para enterarte de que alguien más ya lo había resuelto antes? Por eso aprender de otras personas es tan importante, especialmente para científicos y matemáticos.

Eudoxo de Cnido vivió hace unos 2.400 años, en un lugar que hoy forma parte de Turquía. Eudoxo era muy curioso y estaba decidido a aprender todo lo que pudiera. No se conformó con leer un solo libro o tomar una sola clase: se lanzó a una verdadera aventura educativa a través de muchas tierras.

Ilustración 5: Eudoxo caminando a Atenas cada día

Primero, estudió matemáticas y música con un maestro llamado Arquitas, en lo que hoy es Italia. Luego viajó a Sicilia para aprender medicina de un doctor llamado Filistón. Pero no se detuvo allí.

Caminaba muchos kilómetros cada día solo para estudiar filosofía y matemáticas en Atenas, donde enseñaba el famoso pensador Platón. Eudoxo era tan pobre que tenía que vivir en el puerto y caminar hasta la ciudad todos los días, pero eso no le importaba. Quería aprender de los mejores.

Más tarde, fue hasta Egipto para estudiar astronomía con los sacerdotes de Heliópolis, que eran expertos en estrellas y planetas. Después de años de aprendizaje, finalmente volvió a su hogar en Cnido y construyó su propio observatorio para estudiar el cielo y escribir libros donde compartía todo lo que había aprendido.

Gracias a que había estudiado tanto, Eudoxo pudo enseñar a otros, igual que sus maestros lo habían hecho con él. Incluso ayudó a resolver un gran problema matemático. Mucha gente en su época pensaba que todos los números se podían escribir como fracciones.

Pero algunos números, como la raíz cuadrada de dos, simplemente no funcionan así. Eudoxo inventó una nueva manera de pensar sobre las proporciones, y eso ayudó a los matemáticos del futuro a entender mejor muchas cosas.

Eudoxo nos muestra algo muy importante:

Cuanto más aprendes, más puedes descubrir. Y cuando aprendes de otros, no tienes que empezar desde cero.

Por eso se dice que los científicos y los matemáticos están *"parados sobre los hombros de gigantes"*. Eudoxo se subió a esos hombros estudiando con todo su corazón… y luego ayudó a otros a subir todavía más alto.

## Al-Juarizmi: poco a poco, paso a paso

Hace mucho tiempo, en la bulliciosa ciudad de Bagdad, vivía un hombre al que le encantaba resolver problemas. Su nombre era Muhammad ibn Musa al-Khwarizmi (persa: محمد بن موسى خوارزمی). Es un nombre muy largo, así que vamos a llamarlo simplemente Al-Juarizmi.

Al-Juarizmi trabajaba en un lugar con un nombre casi mágico: la *Casa de la Sabiduría*. Imagina un edificio

*Ilustración 6: Al-Juarizmi en la Casa de la Sabiduría*

enorme lleno de pergaminos, mapas, instrumentos y algunas de las personas más inteligentes del mundo, todas compartiendo ideas. Era como la escuela, la biblioteca y el laboratorio de ciencias más increíbles, todo junto.

Al-Juarizmi no intentaba hacerlo todo de golpe. Creía en resolver los problemas poco a poco, paso a paso, hasta llegar a una respuesta. Ya fuera para averiguar cómo dividir una tierra de forma justa o cómo seguir el movimiento de las estrellas, lo hacía pieza por pieza.

Cuando alguien tenía un problema de matemáticas muy difícil, Al-Juarizmi decía: «Vamos a dividirlo en pasos». Escribió un libro famoso llamado *Al-Álgebra* (*Al-Jabr*), en el que mostraba a la gente cómo resolver ecuaciones incluso cuando faltaba uno de los números. Esa idea llegó a conocerse como álgebra, y hoy se usa en todo el mundo.

Tomaba un problema de matemáticas desordenado y mostraba cómo equilibrar los dos lados como si fueran una balanza. En aquella época no tenía símbolos elegantes como «×» o «+», así que lo escribía todo con palabras. Aun así, demostraba que, poquito a poco, cualquier problema se podía resolver.

¿Alguna vez te has preguntado de dónde salió nuestro sistema de números? Al-Juarizmi ayudó a difundir el uso de los números indo-arábigos, del 0 al 9 que usamos cada día. Antes de eso, en Europa se usaban números romanos como X, V y L, ¡mucho más difíciles para hacer cuentas!

Gracias a él, empezamos a usar el valor posicional y el sistema decimal, lo que hizo que sumar, restar y dividir fuera muchísimo más fácil.

Al-Juarizmi también hizo uno de los mapas más precisos del mundo conocido en su época. Escribió un libro de geografía en el que enumeró la ubicación de más de 2.400 ciudades. Usando longitudes y latitudes, ayudó a las personas a entender dónde estaban en el globo.

Corrigió errores de mapas anteriores, como los de Ptolomeo, e incluso ayudó a crear un mapa gigante para el gobernante de entonces, el califa al-Ma'mún. Paso a paso, sus mediciones hicieron que el mundo fuera un poco más exacto.

También escribió sobre la Luna, los planetas y las estrellas. Al-Juarizmi creó tablas que mostraban cómo se movían el Sol y los planetas, y ayudó a diseñar instrumentos como el astrolabio y el reloj de sol para medir el tiempo usando las estrellas y el Sol.

Al-Juarizmi nos enseña algo muy importante: no tienes que hacerlo todo de una sola vez.

Él no construyó el álgebra en un día. Estudió ideas más antiguas de la India, Persia y Grecia. Luego añadió sus propios conocimientos, paso a paso. Y, porque siguió aprendiendo y compartiendo, su trabajo cambió las matemáticas, la ciencia y la cartografía durante siglos.

Incluso las ideas más grandes empiezan pequeñas. Igual que Al-Juarizmi, tú también puedes *avanzar poco a poco, paso a paso*.

## Arquímedes de Siracusa: el inventor que hizo la vida mejor

Hace muchísimo tiempo, allá por el año 287 a. C., nació un niño llamado Arquímedes en una ciudad llamada Siracusa, en la isla de Sicilia. Sicilia hoy forma parte de Italia. Arquímedes amaba tanto las matemáticas que, incluso cuando se estaba bañando o cuando le frotaban aceites (algo que la gente hacía en aquella época), se ponía a dibujar figuras y líneas sobre su propia piel o en las cenizas de la chimenea. ¡Así de divertidas le parecían las matemáticas!

*Ilustración 7: Arquímedes y su rayo de la muerte*

Pero Arquímedes no era solo un soñador: era un inventor que cambió el mundo. Una de sus primeras grandes ideas fue una máquina llamada el tornillo de Arquímedes. Es como un tubo en espiral que levanta el agua cuesta arriba, y todavía hoy se usa para ayudar a los agricultores a regar sus campos.

Cuando su ciudad estaba bajo ataque, Arquímedes no salió corriendo: ¡se puso a inventar! Creó máquinas sorprendentes para defender Siracusa, como enormes garras que agarraban los barcos enemigos, los levantaban por el aire y los estrellaban contra las rocas. Incluso se cuenta que usó espejos para reflejar la luz del sol y prender fuego a los barcos enemigos (¡al menos, eso dice la leyenda!). No hacía todo esto por diversión, lo hacía para proteger su hogar.

Pero Arquímedes no solo inventó máquinas. También hizo que las matemáticas fueran más fáciles y más poderosas. Descubrió cómo medir figuras curvas, como círculos y esferas, inventando ideas que ayudarían a otros grandes matemáticos, como Sir Isaac Newton, cientos de años después. Ideó una manera de entender por qué las cosas flotan en el agua. Por eso, cuando te lanzas a una piscina y el agua se desborda, estás viendo el *principio de Arquímedes* en acción.

Incluso inventó una forma ingeniosa de contar números gigantescos. Tan grandes, que decía que servirían para contar todos los granos de arena del universo. *Eso sí que es pensar en grande*.

Aunque Arquímedes podía mover barcos con poleas y asustar ejércitos enteros con sus inventos, él pensaba que lo más hermoso de todo eran las matemáticas. Cuando murió, durante un ataque de los romanos, aún estaba concentrado trabajando en un problema matemático.

Arquímedes nos mostró que la imaginación, unida a las matemáticas, puede cambiar el mundo. Creía que incluso las ideas más difíciles podían hacer la vida mejor, gota a gota, tornillo a tornillo, figura a figura.

¿Te gustaría inventar algo útil tú también? ¿Qué construirías para hacer la vida más fácil… o más divertida?

---

### René Descartes: el hombre que mezcló las materias matemáticas

René Descartes fue un pensador que vivió hace mucho tiempo. Nació en 1596, en Francia. Cuando era niño, a menudo se sentía enfermo, así que le permitían quedarse en la cama hasta tarde por la mañana. Incluso de pequeño pensaba profundamente en las cosas. Estudió mucho en la escuela y se interesó especialmente por las matemáticas. Le gustaban porque eran claras, lógicas y confiables.

Más tarde, Descartes viajó por toda Europa y leyó muchos libros. Pero sentía que la mayoría de las materias estaban llenas de suposiciones y confusiones. Solo las matemáticas le parecían completamente sólidas. Entonces tuvo una gran idea: ¿y si usáramos las matemáticas para entender todo el mundo?

Su descubrimiento más importante fue que podía combinar el álgebra y la geometría, dos áreas de las matemáticas que antes estaban totalmente separadas. La geometría trataba de figuras y líneas, mientras que el álgebra usaba números y ecuaciones. Descartes se dio cuenta de que, si ponías números en una cuadrícula (como en una gráfica), podías convertir una figura en una ecuación, ¡y una ecuación en una figura!

*Ilustración 8: René Descartes dibujando una gráfica*

Esta idea asombrosa llevó a lo que hoy llamamos geometría cartesiana, que recibe ese nombre por el propio Descartes. Es la razón por la que podemos dibujar curvas y rectas en un papel cuadriculado usando ecuaciones como $y = x + 2$. Gracias a él, podemos mezclar figuras con álgebra de una forma que nos ayuda a diseñar edificios, crear videojuegos e incluso lanzar cohetes.

Aunque Descartes también estudió filosofía y ciencia, su mezcla de álgebra y geometría fue uno de sus mayores regalos para el mundo. Demostró que distintos tipos de matemáticas podían trabajar juntos, y ese hallazgo ayudó a que las matemáticas crecieran de maneras realmente sorprendentes.

## Pierre de Fermat: creador de misterios matemáticos

En el soleado sur de Francia vivía un abogado curioso llamado Pierre de Fermat. De día, resolvía asuntos legales en Toulouse. Pero de noche... ah, de noche, su mente viajaba por un reino mágico de números, figuras y acertijos de lo más fascinantes.

Fermat no solo se dedicaba a resolver problemas: ¡también inventaba problemas nuevos! No siempre escribía explicaciones completas ni textos muy pulidos. En lugar de eso, garabateaba notas en los márgenes de los libros y enviaba cartas a sus amigos diciendo cosas como: «Aquí tienes un acertijo. A ver si puedes resolverlo». Esos desafíos eran más que simples ejercicios de matemáticas. Eran semillas, pequeñas preguntas que algún día crecerían hasta convertirse en grandes descubrimientos matemáticos, a veces muchos siglos después.

Ilustración 9: Pierre de Fermat escribiendo en los márgenes de un libro

¿Una de esas semillas? Su famoso y misterioso Último teorema de Fermat:

> «No existen tres números enteros A, B y C que satisfagan la ecuación $A^n + B^n = C^n$ para ningún número entero n mayor que 2».

Él afirmó tener una demostración, pero no dejó ninguna prueba escrita. Esa pequeña nota encendió una búsqueda del tesoro que duró 350 años y que llevó a crear ramas enteras de las matemáticas, hasta que finalmente fue demostrado por Andrew Wiles en 1994.

Fermat no solo se interesó por grandes teoremas. También tuvo un papel clave en el nacimiento del cálculo, exploró la probabilidad junto con Blaise Pascal (sí, ese Pascal) y jugó con la física de la luz, creando el principio de Fermat: la luz sigue el camino que toma menos tiempo.

¿Pero cuál fue su verdadera magia? Fermat le mostró al mundo que hacer una buena pregunta puede ser incluso más poderoso que tener una respuesta. Sus acertijos difíciles frustraron, inspiraron y deslumbraron a generaciones de matemáticos. Y así nos enseñó una de las verdades más grandes de todas:

Una sola pregunta, bien planteada y llena de maravilla, puede resonar a lo largo de los siglos e invitar a las mentes curiosas a pensar, explorar y descubrir lo desconocido.

## Maria Gaetana Agnesi: equilibrista de cerebro y benevolencia

En Milán, Italia, en el año 1718, nació una niña llamada **María Gaetana Agnesi** en un hogar lleno de música, dinero y ¡más de veinte hermanos y hermanas! (Sí, ¡veintiún hijos en total!) Pero María no era una niña cualquiera. Era un súper cerebro con vestido elegante.

Cuando tenía cinco años, María ya hablaba italiano y francés. A los once, presumía de siete idiomas, como un arcoíris humano de palabras. Su

*Ilustración 10: Maria Gaetana Agnesi*

apodo era "la oradora de las siete lenguas". Podía hablar más que los loros y los profesores juntos.

María amaba tanto aprender que estudiaba con tanta intensidad que llegó a enfermarse. Los médicos le dijeron que saliera a bailar y a montar a caballo. Pero, ¿crees que eso la detuvo de pensar en problemas de matemáticas mientras galopaba? ¡Para nada!

Cuando no estaba ayudando a sus muchos hermanos y hermanas con la tarea, María se sumergía en el mundo de los números. A los catorce años ya estaba leyendo sobre balística y geometría. (¡La mayoría de las personas ni siquiera sabía qué era eso hasta la universidad!)

A los quince, su padre organizaba fiestas elegantes en las que María dejaba boquiabiertos a los hombres más cultos de Milán con su inteligencia. Defendió 190 ideas grandes y difíciles, como si hubiera ganado 190 debates seguidos.

Pero María no quería una corona ni un castillo. Quería ayudar a las personas y servir a Dios. Así que hizo un trato: si podía hacer sus matemáticas tranquilamente en casa, también se dedicaría a ayudar a los pobres. Y cumplió esa promesa. Cada número que calculaba venía acompañado de bondad.

María escribió un enorme libro de matemáticas llamado *Instituzioni analitiche*, una guía de cálculo diferencial e integral. Este es el tipo de matemáticas que los científicos siguen usando hoy para estudiar desde cohetes hasta montañas rusas. Su libro fue tan bueno que recibió cartas de admiración de un papa, de una reina y de muchas otras personas importantes.

Incluso hay una curva matemática curiosa que lleva su nombre: la "bruja de Agnesi". No da miedo; es una curva suave e ingeniosa, igual que la mente de María.

Más tarde, María dejó de "publicar" matemáticas y empezó a "publicar" amor, ayudando a enfermos, ancianos y personas sin hogar. Regaló sus tesoros, pidió donaciones y fundó un hogar para ancianos, donde vivió como una monja humilde.

Murió en 1799, no llena de riquezas, pero sí rica en propósito.

María le mostró al mundo que se puede ser inteligente y amable a la vez, matemática y humanitaria. Demostró que la mente y el corazón pueden trabajar juntos como dos manos que ayudan al mundo.

Así que la próxima vez que equilibres una ecuación de matemáticas o ayudes a un amigo, piensa en María, la genio de las matemáticas que dominó el arte del equilibrio.

### Jing Fang: la música de las matemáticas y las matemáticas de la Luna

Hace mucho tiempo, en la antigua China, hace unos dos mil años, vivió un hombre llamado Jing Fang (京房), que creía que los números no servían solo para contar ovejas: podían revelar los secretos de *la música*, de *las estrellas* e incluso de *la Luna*.

Jing Fang no era un pensador cualquiera. Era un maestro en mezclar matemáticas con música. Imagina calcular notas como si resolvieras acertijos. Mientras trabajaba para la Oficina de Música del emperador, descubrió algo casi mágico: si apilabas 53 quintas perfectas (un tipo especial de distancia entre notas), casi coincidían con 31 octavas (la misma nota, cada vez más alta). Era como caminar en un círculo perfecto y llegar exactamente al punto de partida.

*Illustration 11: Jing Fang, matemáticas y música*

Para lograrlo, usó números grandes y trucos muy ingeniosos: dividir, sumar y ajustar una y otra vez. Era como una receta musical preparada con matemáticas en lugar de harina y huevos. Con solo unos seis dígitos de precisión, sus resultados eran tan exactos que el oído humano no podía notar la diferencia. Su trabajo ayudó a la gente a entender la afinación musical de una forma totalmente nueva. ¿Y sabes qué? Pasaron más de 1.600 años antes de que alguien en Europa se pusiera al día con su idea.

Pero la música no era lo único que estudiaba Jing Fang. También miraba al cielo y se dio cuenta de algo increíble sobre la Luna: ella no brilla por sí misma. Refleja la luz del Sol, como un gran espejo luminoso. Incluso sabía que la Luna era redonda, como una pelota, mucho antes de que muchas personas lo aceptaran.

Y eso no es todo. Jing Fang estaba fascinado por un antiguo libro de sabiduría llamado *Yijing* (también conocido como *I Ching*), lleno de hexagramas y misterio. Usó las matemáticas para explorar sus patrones e incluso hacía predicciones basadas en ellos. Se podría decir que veía las matemáticas como una llave mágica para abrirlo todo: el sonido, el espacio, el tiempo y el cambio.

Por desgracia, la vida de Jing Fang terminó de forma trágica, pero sus ideas siguieron vivas, viajando a través de los siglos e inspirando tanto a científicos como a músicos.

Así que, si te gustan los números, la música, las estrellas o resolver misterios, ya estás bailando al ritmo de la canción de Jing Fang.

---

**Blaise Pascal: el chico que no podía esperar para aprender**

En Francia, en una ciudad llamada Clermont, nació un niño llamado Blaise Pascal el 19 de junio de 1623. Nadie lo sabía entonces, pero ese niño se convertiría en una de las mentes más brillantes de las matemáticas, la ciencia y la filosofía... ¡antes de cumplir los 40 años!

Cuando Blaise tenía solo tres años, su madre murió, y su padre, Étienne, se encargó de él y de sus hermanas. Étienne

*Ilustración 12: Blaise Pascal muestra a su padre*

tenía ideas muy firmes (¡y bastante raras!) sobre la educación. Decidió que Blaise no debía estudiar matemáticas hasta los 15 años. Así es: *nada de matemáticas*.

Pero Blaise era muy curioso. Se preguntaba qué tenían de especial las matemáticas para que hubiera que esconderlas. Así que, en secreto, a los 12 años comenzó a trabajar con ellas por su cuenta. Un día, sorprendió a su padre mostrándole un descubrimiento: ¡los ángulos de un triángulo siempre suman dos ángulos rectos! Étienne quedó tan impresionado que se rindió y le dio a Blaise un libro del gran matemático Euclides. Blaise había abierto un verdadero cofre del tesoro matemático.

A los 14 años, Blaise empezó a acompañar a su padre a reuniones llenas de pensadores brillantes en París. Imagina a un adolescente pasando el rato con maestros de las matemáticas y filósofos en lugar de jugar. A los 16, dejó a todos boquiabiertos con algo llamado *el Hexágono Místico de Pascal*, una figura geométrica llena de secretos, de una rama de las matemáticas llamada geometría.

Cuando se mudaron a Ruán, Blaise comenzó a ayudar a su padre a recaudar impuestos. Pero llevar la cuenta de todas las monedas, libras, sueldos y dineros era un lío de números. Así que Blaise creó algo increíble: ¡una máquina que podía sumar y restar! Se llamaba la Pascalina y parecía una versión temprana de la calculadora. Él tenía solo 19 años.

Pero Blaise no había terminado. Quería entender por qué el aire y el agua se comportan como lo hacen. Estudió la presión, demostró que el vacío podía existir y hasta tuvo un fuerte desacuerdo con el famoso filósofo René Descartes sobre el espacio vacío. (Descartes dijo que Pascal tenía "demasiado vacío en la cabeza". ¡Auch!)

Después llegaron más descubrimientos. Blaise explicó cómo los líquidos empujan las cosas (lo que hoy llamamos la ley de Pascal) y estudió la forma de las gotas de agua, las curvas y los círculos que giran. Incluso trabajó con otro gran pensador, Pierre de Fermat, para inventar la disciplina matemática de la probabilidad, la matemática que hay detrás de los juegos, las apuestas y las oportunidades.

Por desgracia, Blaise estuvo enfermo muchas veces, pero nunca dejó de pensar. Incluso en cama, escribía cartas sobre juegos de dados y problemas de matemáticas difíciles. Una noche, después de un accidente muy peligroso con un carruaje, Blaise tuvo una experiencia espiritual muy fuerte. Desde entonces, dedicó gran parte de su vida a escribir sobre la fe, la esperanza y las grandes preguntas acerca de Dios.

En sus últimos años, aún no podía resistirse a las matemáticas. Creó un concurso sobre una figura especial llamada cicloide y resolvió problemas que otros no podían resolver.

Blaise Pascal murió cuando tenía solo 39 años, pero para entonces ya había hecho el trabajo de muchas vidas. Nos mostró que empezar temprano, mantenerse curioso y perseguir las ideas puede iluminar el mundo. Ya sea que te preguntes «¿Cuál es el ángulo?» o «¿Cuál es el sentido de la vida?», Blaise demostró que nunca es demasiado pronto para empezar a hacer grandes preguntas.

## Pierre y Marie Curie: el poder de dos chispas brillantes

En París, Francia, vivían dos científicos muy curiosos: Pierre y Marie Curie. No eran científicos cualquiera con bata y gafas (bueno, quizá sí tenían bata). Eran súper científicos, llenos de asombro, determinación y amor por el aprendizaje. Cuando unieron fuerzas, ¡sus mentes prácticamente brillaban con ideas!

*Ilustración 13: Marie y Pierre Curie*

Marie nació muy lejos, en Polonia. En esa época, las niñas no siempre podían ir a la escuela igual que los niños. Pero Marie adoraba aprender. Leía libros como si fueran mapas del tesoro. Leía hasta altas horas de la noche, ahorrando cada moneda para poder estudiar más. Con el tiempo, se mudó a París para perseguir su sueño de convertirse en científica. Todavía no lo sabía, pero estaba a punto de conocer a alguien que cambiaría su vida.

Pierre era un pensador tranquilo al que le gustaban los paseos largos y las ideas grandes. Estudiaba cómo se mueven las cosas y por qué el mundo funciona como funciona. Era inteligente, sí. Pero más que eso, era amable y considerado. Cuando Pierre conoció a Marie, se dio cuenta enseguida: «Guau, ella es brillante».

¿Y adivina qué? Marie también pensó que él era muy brillante.

No se enamoraron con flores y chocolates. No. ¡Se enamoraron gracias a la ciencia! Empezaron a trabajar juntos de inmediato. Estudiaban cosas invisibles llamadas radiación: diminutas partículas de materia y energía que salen de ciertas rocas especiales. La gente no entendía eso en aquella época, pero Pierre y Marie estaban decididos a descubrir qué estaba pasando.

Trabajaban en un cobertizo frío y polvoriento. Sin herramientas elegantes. Sin grandes máquinas. Solo cerebro, trabajo en equipo y una curiosidad terca. Durante horas y horas, día tras día, removían ollas llenas de roca triturada, buscando algo nuevo.

Y lo *encontraron*.

Juntos, Pierre y Marie descubrieron dos elementos completamente nuevos: el polonio (llamado así por la patria de Marie) y el radio (¡que brillaba!). Habían encontrado algo poderoso, misterioso, algo que nadie había visto antes.

No solo trabajaban uno al lado del otro. Compartían ideas, se ayudaban y se hacían mejores mutuamente. A eso se le llama sinergia: cuando uno más uno es igual a… ¡mucho más que dos!

En 1903, Pierre y Marie recibieron juntos el Premio Nobel de Física. Hicieron historia no solo por lo que descubrieron, sino por cómo lo hicieron: con trabajo en equipo, confianza y un amor compartido por el aprendizaje.

Incluso después de la muerte de Pierre, Marie siguió trabajando, descubriendo y enseñando. Se convirtió en la primera persona en la historia en ganar dos premios Nobel en ciencias.

Entonces, ¿qué hizo a Pierre y Marie tan exitosos? Eran inteligentes, claro. Trabajadores, sin duda. Pero, sobre todo, unieron sus fuerzas. Se escuchaban. Se animaban mutuamente. Creían que la ciencia, y la vida, son mejores cuando las personas trabajan juntas.

Y eso es *la sinergia*.

## Albert Einstein: impulsado por la curiosidad

¿Qué obtienes cuando mezclas un **cabello** alocado, una sonrisa soñadora y un millón de preguntas que nunca se detienen?

Obtienes a Albert Einstein, el niño que no podía dejar de maravillarse.

Albert no siempre fue el mejor estudiante. No le gustaba memorizar datos ni quedarse quieto en su asiento. Pero, por dentro, todo estaba en movimiento. ¡Su cerebro zumbaba como una colmena!

Se quedaba mirando una brújula durante horas, preguntándose: «¿Por qué la aguja apunta siempre al norte?»

*Ilustración 14: Albert Einstein*

Se imaginaba corriendo al lado de un rayo de luz. Preguntaba cosas como: «¿Qué es el tiempo? ¿Y siempre se mueve igual?»

La mayoría de las personas se detiene cuando las preguntas se vuelven demasiado grandes. Albert no. Su curiosidad era más fuerte que su confusión.

En lugar de limitarse a leer respuestas, Albert perseguía ideas. Inventaba experimentos mentales fascinantes, como si fueran sueños despiertos llenos de matemáticas.

Imaginaba relojes en naves espaciales, ascensores flotando en el espacio y luz rebotando como una pelota de tenis. Con cada idea extraña, se acercaba un poco más a entender cómo funciona de verdad el universo.

Así fue como llegó a la teoría de la relatividad, una de las ideas más asombrosas de toda la ciencia. Cambió la forma en que vemos el tiempo, el espacio e incluso la gravedad.

Todo porque se atrevió a preguntar: «¿Y si...?»

Albert no se volvió grande porque siempre tuviera las respuestas correctas. Se volvió grande porque nunca dejó de hacer preguntas. Incluso de anciano, con el pelo blanco y unos ojos amables, dijo:

*«No tengo talentos especiales. Solo soy apasionadamente curioso».*

La curiosidad fue el combustible que impulsó su mente, ¡como un motor de cohete para sus pensamientos!

La próxima vez que mires las estrellas, un trompo girando o incluso una burbuja en tu baño… haz una pregunta. Persigue la respuesta. Deja que tu asombro te guíe. Porque nunca se sabe: un pequeño «*¿por qué?*» podría iluminar el mundo.

## Jane Goodall: la mujer que se adentró en la selva

Algunas personas esperan «el momento adecuado».

Algunas personas esperan a que les digan qué hacer.

¿Y Jane Goodall?

Ella tomó su cuaderno, guardó sus binoculares y se fue directa a la selva. Esta es la historia de cómo una mujer valiente decidió que no necesitaba permiso para seguir su sueño.

*Ilustración 15: Jane Goodall y los chimpancés*

Jane era una niña curiosa que amaba a los animales más que a nada. Leía libros sobre Tarzán y se imaginaba viviendo en la naturaleza salvaje.

Llevaba gusanos a su cama, observaba cómo las hormigas marchaban por el jardín y una vez se escondió en un gallinero durante horas solo para ver cómo se ponían los huevos.

Otros niños querían ser astronautas o panaderos. Jane quería vivir con los animales y aprender sus secretos.

Jane no fue a una escuela de ciencias elegante. De hecho, la gente le decía: «Tú solo eres una niña. No puedes ir a África».

Pero Jane no se quedó esperando. Trabajó duro, ahorró dinero y consiguió subirse a un barco rumbo a Kenia.

Allí conoció a un famoso científico que vio su pasión y le dio una oportunidad. Fue entonces cuando todo empezó de verdad. Se internó en los bosques de Tanzania para estudiar chimpancés, no en jaulas, sino en la naturaleza, donde de verdad vivían.

Jane no tenía herramientas de alta tecnología. Tenía paciencia, un cuaderno... y muchos sándwiches de mantequilla de cacahuete.

Se sentaba durante horas y horas en silencio, mirando a los chimpancés columpiarse, jugar, pelear y abrazarse. Poco a poco, ellos empezaron a confiar en ella.

¿Y sabes qué? Jane hizo descubrimientos increíbles:
- ◆ Los chimpancés usan herramientas, igual que los humanos!
- ◆ Sienten emociones, como alegría y tristeza.
- ◆ Tienen nombres, personalidades y familias!

Nadie había visto esto antes. Pero Jane lo vio porque estaba allí, observando, preguntándose... y actuando.

Jane no se quedó sentada esperando a que el mundo le diera un mapa. Ella hizo su propio camino. Fue proactiva. Eso significa que hizo que las cosas sucedieran. Nos mostró que no hace falta gritar para ser valiente. Solo necesitas preocuparte, actuar y seguir adelante.

Incluso hoy, Jane viaja por el mundo, protegiendo animales y enseñando a los jóvenes que ellos también pueden marcar la diferencia.

Ella dice: «Cada individuo importa. Cada individuo tiene un papel que desempeñar».

Eso significa que tú puedes ser como Jane. Puedes ser curioso. Puedes preocuparte por los demás. Puedes hacer algo grande, aunque empiece siendo algo pequeño.

## Wernher von Braun: el chico que soñaba con cohetes

Cuando Wernher von Braun era niño, no solo miraba las estrellas: apuntaba hacia ellas.

Mientras otros chicos soñaban con volar cometas o construir coches de juguete, el pequeño Wernher miraba fijamente la Luna y pensaba: «¿Cómo llego hasta allí?».

Ese fue su *comienzo con el final en mente*: no solo construir cohetes, sino llevar a personas al espacio.

Wernher nació en Alemania en 1912. Le encantaban los libros sobre el espacio y la ciencia ficción. Una vez ató fuegos artificiales a un carrito de juguete solo para ver qué pasaba (spoiler: salió disparado… pero nada seguro).

*Ilustración 16: Wernher von Braun y su cohete*

A medida que crecía, leía más, estudiaba más y hacía montones de preguntas sobre movimiento, velocidad, gravedad y combustible. No solo estaba jugando. Estaba planeando. Cada idea, cada dibujo, cada prueba de cohete era un paso hacia su gran objetivo: los viajes espaciales.

Wernher no se convirtió en científico espacial de la noche a la mañana. Construyó cohetes que no funcionaron. Probó motores que explotaron. Pero siguió aprendiendo, siguió corrigiendo y nunca dejó de mirar al cielo.

Más tarde, durante la Segunda Guerra Mundial, trabajó en cohetes para Alemania. Pero después de la guerra, se mudó a los Estados Unidos. Y aún llevaba en el corazón el mismo sueño: enviar a personas al espacio.

Wernher se unió a la NASA, donde ayudó a diseñar el Saturno V, el cohete más grande y potente que se haya construido. No solo voló: llevó a astronautas ¡todo el camino hasta la Luna!

En 1969, cuando el Apolo 11 despegó, Wernher vio su sueño elevarse hacia el cielo. Paso a paso, plan tras plan, había logrado hacer posible lo imposible. Empezó con el final en mente y siguió adelante hasta alcanzarlo.

Wernher von Braun dijo una vez:

> *«He aprendido a usar la palabra imposible con la mayor cautela».*

Él comenzó con una visión y luego trabajó hacia atrás, construyéndolo todo pensando en la meta final. Así nacen los grandes sueños. Y así se hacen realidad.

¿Tienes tú un sueño? ¿Construir algo? ¿Descubrir algo? ¿Llegar a un lugar donde nadie ha llegado antes? Entonces haz lo que hizo Wernher:

1. Imagínalo (empieza con el final en mente).
2. Planéalo.
3. Hazlo.

Y no te detengas hasta que tu cohete llegue a las estrellas.

## C. V. Raman: el científico que puso la ciencia en primer lugar

En la India hubo un niño que amaba la luz. No las bombillas. No las linternas. Amaba la luz misma: la luz del sol sobre las hojas, la luz de la luna sobre el agua y la forma en que la luz podía rebotar, doblarse o cambiar de color.

Ese niño era Chandrasekhara Venkata Raman, pero la mayoría de la gente lo llama simplemente C. V. Raman. Creció hasta convertirse en uno de los científicos más brillantes del

*Ilustración 17: C. V. Raman a la luz de una vela*

mundo. Y lo logró haciendo algo muy importante: puso primero lo que era más importante.

Cuando Raman era joven, era *súper inteligente*. Terminó la escuela pronto y entró a la universidad siendo aún adolescente.

Pero Raman no perdía el tiempo presumiendo. Mientras otros estudiantes jugaban o dormían la siesta, Raman se encerraba en la biblioteca. Leía revistas científicas por diversión y hacía preguntas increíbles como:

- ¿Por qué el cielo se ve azul?
- ¿Qué pasa cuando la luz toca el agua?
- ¿Puede la luz contarnos secretos?

No solo era curioso. Estaba concentrado.

Después de la universidad, Raman trabajó como funcionario del gobierno. Era un trabajo muy exigente, pero ¿adivina qué? No dejó de hacer ciencia.

Aprovechaba cada momento libre, la hora de comer, las tardes, los fines de semana, para visitar laboratorios, hacer experimentos y escribir artículos de investigación. Raman no decía: «Estoy demasiado cansado». Decía: «Esto es importante para mí».

Él sabía cuál era su sueño y hacía tiempo para perseguirlo. Eso es poner primero lo primero.

Un día, mientras viajaba en un barco, Raman notó cómo la luz danzaba sobre el océano. Eso lo hizo preguntarse: *¿qué ocurre exactamente cuando la luz atraviesa el agua?*

Hizo experimentos. Usó la luz del sol, frascos de vidrio y muchísima materia gris. Y entonces... ¡BOOM! Descubrió algo completamente nuevo: la luz cambia de color cuando atraviesa ciertos materiales. Esto llegó a conocerse como el Efecto Raman, y cambió para siempre la forma en que los científicos estudian la luz.

En 1930 se convirtió en el primer científico asiático en ganar el Premio Nobel de Física. Todo porque mantuvo su atención en lo que más importaba.

Raman no trató de hacerlo todo. Eligió lo que era importante y le dio lo mejor de sí.

Así que la próxima vez que no sepas qué hacer, recuerda:
- Termina tu tarea antes de ver dibujos animados.
- Practica tu talento antes de la gran presentación.
- Persigue tus sueños, un paso concentrado a la vez.

Porque cuando *pones primero lo primero*, tu luz brillará fuerte, igual que la de Raman.

## George Washington Carver: el científico que compartió su luz

Hace muchos años, vivia un niño llamado George que amaba las plantas más que cualquier otra cosa. Hablaba con las flores, estudiaba las hojas y soñaba con ayudar al mundo a ser más verde y mejor.

Ese niño llegó a ser George Washington Carver, un científico, maestro e inventor que creía que, cuando ayudamos a los demás, todos crecemos juntos.

*Ilustración 18: George Washington Carver enseñando*

George nació en la esclavitud, pero no permitió que eso lo detuviera. Trabajó duro para aprender todo lo que pudo sobre las plantas y la ciencia. Creía que el conocimiento era un regalo que debía compartirse.

Descubrió más de 300 usos para el cacahuete, no solo para la mantequilla de cacahuete, sino también para cosas como pintura, pegamento e incluso goma. Pero George no patentó la mayoría de sus inventos. ¿Por qué? Porque quería que todos pudieran beneficiarse de ellos.

En el sur de Estados Unidos, muchos agricultores estaban pasando dificultades. La tierra estaba agotada de cultivar solo algodón. George les enseñó a plantar cacahuetes y batatas, lo que ayudó a recuperar el suelo y les dio nuevos cultivos para vender.

Creó un aula móvil llamada el "Jesup Wagon" para llevar la educación directamente a los agricultores. George creía que, cuando los agricultores tenían éxito, toda la comunidad prosperaba.

George dijo una vez:

> *«No es el estilo de ropa que uno lleva, ni el tipo de automóvil que conduce, ni la cantidad de dinero que tiene en el banco lo que cuenta. Nada de eso significa nada. Es simplemente el servicio lo que mide el éxito».*

Él demostró que el verdadero éxito viene de ayudar a otros a triunfar también.

- Comparte tu conocimiento: ayudar a otros a aprender nos hace más inteligentes a todos.
- Piensa en los demás: cuando tomes decisiones, considera cómo afectan a quienes te rodean.
- Crezcan juntos: el éxito es más dulce cuando se comparte.

Así que sé como George. Planta semillas de bondad, riégalas con conocimiento y observa cómo crece un jardín de cosas buenas.

## Barbara McClintock: la susurradora del maíz

La mayoría de los científicos usan microscopios. Algunos usan cuadernos. Barbara McClintock usaba algo más: mucha paciencia. Ella no solo miraba las plantas. Las escuchaba. Y lo que le contaron... cambió todo lo que sabemos sobre los genes.

Barbara nació en 1902 y desde pequeña le encantaba resolver acertijos. No le interesaban las muñecas ni los

*Ilustración 19: Barbara McClintock*

vestidos. Estaba ocupada desmontando cosas para ver cómo funcionaban.

Cuando creció, estudió ciencia, incluso cuando muchas personas pensaban que las niñas no debían hacerlo. Pero Barbara no dejó que eso la detuviera. Siguió su curiosidad directamente hasta el campo... el campo de maíz, para ser exactos.

Barbara pasó años estudiando el maíz. No solo cómo crece, sino cómo funcionan sus genes. ¿Ves esos puntitos de color en los granos de maíz? No son solo bonitos, eran pistas. Pistas sobre cómo se transmite la información de una planta a la siguiente.

Barbara miró muy adentro de las células del maíz con el microscopio y notó algo extraño... *¡los genes se estaban moviendo!* Saltaban de un lugar a otro. Nadie había visto eso antes.

Cuando Barbara se lo contó a otros científicos, ellos dijeron: «Los genes no pueden saltar. ¡Eso no tiene sentido!». Pero Barbara no se enfadó. No gritó ni discutió. Simplemente siguió escuchando a su maíz, a sus datos, a la verdad.

Ella buscaba comprender, no que la comprendieran enseguida. Y, con el tiempo, el mundo la alcanzó.

Años después, los científicos se dieron cuenta de que Barbara había tenido razón todo el tiempo. Su descubrimiento de los genes saltarines (también llamados «transposóns») ayudó a explicar cómo los genes pueden cambiar y adaptarse. En 1983, muchos años más tarde, ganó el Premio Nobel de Fisiología o Medicina.

Barbara no tenía prisa. No alzó la voz para que la escucharan. Escuchó con atención y dejó que la naturaleza fuera su guía.

Así que, la próxima vez que sientas curiosidad:
- Observa con atención.
- Haz preguntas.
- Escucha primero. Luego habla.

Porque a veces, los pensadores más pacientes son los que hacen los descubrimientos más grandes.

# Albert Schweitzer: el hombre que se preocupó por todo (¡incluso por sí mismo!)

En un pueblito de Francia llamado Kaysersberg, nació un bebé que llegaría a ayudar al mundo y también a sí mismo de formas asombrosas. ¿Su nombre? Albert Schweitzer (se pronuncia más o menos SHVÁI-tsir).

Albert era un niño curioso, con una mente como una esponja. Hacía preguntas como: «¿Por qué vivimos?» y «¿Cómo puedo ayudar a las personas?». Leía libros, estudiaba música e

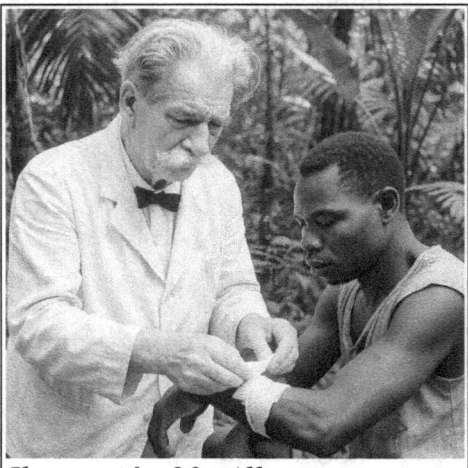
*Ilustración 20: Albert Schweitzer*

incluso aprendió a tocar el enorme órgano de tubos tan bien que, si los pájaros lo hubieran escuchado, quizá habrían bailado entre las ramas.

Albert amaba tanto aprender que consiguió no uno, ni dos, sino ¡tres títulos universitarios! Estudió filosofía, música y teología (que es el estudio de Dios y de las cosas espirituales). Y luego, a los 30 años, hizo algo aún más increíble: volvió a la escuela para convertirse en médico. «Si quiero ayudar al mundo», dijo, «también necesito aprender a curar a las personas». Así que estudió medicina para entrenar aún más su mente.

Ser médico en África no fue nada fácil. Albert construyó un hospital en la selva y allí ayudó a miles de personas. Cargaba agua, cortaba leña y atendía pacientes todo el día. Pero también se aseguraba de comer de forma saludable, descansar cuando podía y estirar la espalda después de muchas horas inclinado sobre las camas de los enfermos. Creía que cuidar de su propio cuerpo le ayudaba a cuidar mejor de los demás.

Albert creía en algo que llamó «Respeto por la Vida». Eso significa cuidar de todos los seres vivos: personas, animales, ¡incluso bichitos pequeños! Trataba a todos con amabilidad, sin importar de dónde vinieran o cuán pobres fueran. Su corazón era tan grande como la selva que lo rodeaba.

Albert también tocaba el órgano para sentirse en paz. Cuando las cosas se ponían difíciles (y se ponían), tocaba música de Bach y dejaba que las notas elevaran su espíritu. También rezaba y escribía libros sobre la bondad y la paz. Creía que ayudar a los demás era la mejor manera de sentir alegría por dentro.

Entonces, ¿qué podemos aprender del doctor Albert Schweitzer? Que la mejor forma de ayudar al mundo es empezar por uno mismo. Cuida tu mente con aprendizaje, tu cuerpo con movimiento y descanso, tu corazón con bondad y tu espíritu con momentos de paz.

Así, como Albert, estarás listo para cambiar el mundo con todo lo que eres.

## Leonardo da Vinci: el científico que garabateaba sus sueños

En un pueblito llamado Vinci, en Italia, nació un niño que no podía dejar de dibujar, construir, pensar y maravillarse. Se llamaba Leonardo y, ¡vaya!, ¡su cerebro nunca descansaba!

La mayoría de la gente conoce a Leonardo da Vinci por pintar la Mona Lisa, con su sonrisa misteriosa, o «La última cena», con sus doce comensales sorprendidos. Pero ¿sabías que también fue un científico con una imaginación desbordante? No solo pensaba «fuera de la caja»: dibujaba una caja mejor, la convertía en un helicóptero... ¡y se imaginaba volándolo hasta la Luna!

*Ilustración 21: Leonardo da Vinci y su helicóptero*

Leonardo no fue a escuelas elegantes ni aprendió ciencia en un laboratorio. Aprendió observando de cerca a los pájaros, las flores, los ríos e incluso a los gusanos que se retuercen. Llenó cuaderno tras cuaderno con dibujos de músculos, máquinas, huesos, burbujas y murciélagos. Estudió cómo fluye el agua y cómo camina la gente. ¡Quería saberlo todo!

Se hacía preguntas como:

*¿Cómo agita un pájaro sus alas?*

*¿Puedo construir una máquina que vuele?*

*¿Qué hay dentro del cuerpo humano?*

Leonardo soñó con máquinas que aún no existían:

- Un helicóptero que parecía un tornillo volador.
- Un paracaídas con forma de pirámide.
- Un caballero robótico que podía sentarse y saludar.
- Un traje de buceo para explorar bajo el agua.

¿Funcionaban todas esas ideas? ¡No siempre! Pero a Leonardo no le importaba. Creía que imaginar era el primer paso para inventar. Y sus ideas inspiraron a científicos durante cientos de años.

Leonardo sentía curiosidad por todo. Estudió:

- **Anatomía**, dibujando cómo se ven los músculos bajo la piel.
- **Astronomía**, esbozando el brillo de la Luna.
- **Ingeniería**, diseñando puentes y bombas de agua.
- **Botánica**, observando cómo crecen las hojas en espiral.

Incluso escribía sus notas al revés, en «escritura en espejo». (Algunos dicen que era para mantener sus ideas en secreto; otros piensan que simplemente le gustaba el reto).

Leonardo da Vinci nos muestra que la ciencia no se trata solo de reglas. También se trata de imaginación. Él no tenía miedo de equivocarse, de soñar en grande ni de mezclar arte y ciencia como colores en una paleta.

Así que, si alguna vez has construido una torre con bloques, dibujado una nave espacial o preguntado «¿Y si…?», ¡felicidades, estás pensando como Leonardo!

Y quizá, algún día, tú también harás un garabato que cambie el mundo.

## Florence Nightingale: la enfermera que lo notaba todo

Ilustración 22: Florence Nightingale

Érase una vez, a la luz de las velas, una niña llamada Florence Nightingale, nacida en 1820 en un lugar llamado Florencia, en Italia (¡de ahí viene su nombre!). Creció en Inglaterra con una mente curiosa y un corazón lleno de bondad. Pero había un superpoder especial que la hacía diferente: ella lo notaba todo. Cosas diminutas. Cosas importantes. Cosas que nadie más veía. Florence tenía ojos de científica y alma de heroína. Mientras otros solo miraban alrededor, ella observaba. Y eso lo cambió todo.

Desde niña, Florence prestaba atención a todo: cómo crecían las plantas, cómo se comportaban los animales y cómo se sentían las personas. Hacía preguntas como:

*¿Por qué pasa esto?*

*¿Cuál es el patrón?*

*¿Cómo podría ser mejor?*

Su familia quería que fuera a fiestas y llevara vestidos elegantes, pero Florence quería otra cosa. Quería ayudar a las personas y usar su poder de observación para salvar vidas.

Cuando estalló la guerra de Crimea, Florence se convirtió en enfermera y fue a ayudar a los soldados heridos. Pero al llegar al hospital, vio algo terrible:

- Los suelos estaban sucios.
- Las camas estaban abarrotadas.
- El agua estaba contaminada.

- ¿Y lo peor? Más soldados morían por enfermedades que por las heridas de batalla.

La mayoría de la gente no entendía por qué. Pero Florence observó. Contó. Escuchó. Midió. Tomó nota de todo. ¿Y qué descubrió? Que la mala higiene —manos sucias, herramientas sucias, hospitales sucios— estaba enfermando a todos aún más.

Florence no se quedó en meras suposiciones. Reunió datos y creó gráficos, incluso diagramas circulares especiales que parecían flores. Estos coloridos dibujos le mostraron al gobierno británico exactamente qué estaba fallando.

¿Y adivina qué? La gente la escuchó. Los hospitales de toda Inglaterra y de otros lugares empezaron a ser más limpios y seguros, todo porque una mujer se fijó en lo que los demás ignoraban.

Por las noches, Florence recorría los pasillos con una lámpara, revisando a cada paciente. Los soldados la llamaban «la dama de la lámpara». Pero era mucho más que eso. Era la mujer que observaba, registraba y cambiaba el mundo, una anotación cuidadosa a la vez.

Prestar atención (ver de verdad lo que te rodea) es un superpoder. No necesitas bata ni microscopio. Solo necesitas ser curioso, mantener los ojos bien abiertos y no dejar de maravillarte. Porque, quién sabe, quizá el próximo gran descubrimiento salga de ti… si te tomas el tiempo de notar lo que otros no ven.

## Carl Sagan: el observador de estrellas que hacía preguntas inteligentes

En una noche llena de destellos, bajo un cielo repleto de estrellas, un niño llamado Carl Sagan miró hacia arriba y se preguntó:

*«¿Qué son esas luces en el cielo?»*

*«¿Hay otros planetas como la Tierra?»*

*«¿Habrá alguien allá afuera saludando de vuelta?»*

Carl no solo soñaba, también pensaba. No solo creía, **también** cuestionaba. No solo adivinaba: usaba el pensamiento crítico para explorar los mayores misterios del universo.

Carl nació en 1934 en Brooklyn, Nueva York. Le encantaban los cómics, los dinosaurios y la ciencia ficción. Pero incluso de niño hacía preguntas inteligentes y difíciles, como:

*Ilustración 23: Carl Sagan*

«¿Cómo sabemos que existen los extraterrestres?»

«¿Pueden morir las estrellas?»

«¿Por qué la gente cree cosas extrañas sin pruebas?»

Él no creía algo solo porque alguien lo dijera. Carl creía en la evidencia. Quería razones reales detrás de cada respuesta. A eso se le llama pensamiento crítico: el superpoder de detenerse, pensar, comprobar los hechos y luego formarse una opinión.

A medida que Carl creció, sus preguntas se hicieron más grandes. Se convirtió en un científico que estudiaba el universo. Ayudó a enviar naves espaciales para explorar los planetas. Incluso puso un disco de oro en la nave espacial Voyager, con un mensaje desde la Tierra para cualquier posible extraterrestre que pudiera encontrarlo.

Pero Carl no solo estudiaba el espacio. También se lo explicaba al mundo de una forma que hacía que la gente dijera: «¡Guau!», «¡Ajá!» y «Nunca lo había pensado así».

Su programa de televisión, ***Cosmos***, llevó a millones de personas en un viaje por galaxias, agujeros negros y átomos. Todo impulsado por un pensamiento cuidadoso.

# El detector de tonterías[1]

Carl creía que nunca deberíamos dejarnos engañar por ideas tontas sin comprobar los hechos. Incluso creó una lista de herramientas a la que llamó su "kit detector de tonterías". No era una máquina de verdad (lo siento, sin caja ruidosa ni luces que parpadean), pero sí una forma de detectar malos argumentos y trucos engañosos.

- **Pide evidencia.** No creas algo solo porque suena genial. Pregunta: «¿Dónde están las pruebas?»
- **Resultados repetibles.** Si algo es cierto, debería funcionar igual una y otra vez. «¿Puede otra persona probarlo y obtener el mismo resultado?»
- **Revisa las fuentes.** ¿Quién lo dijo? ¿Es alguien confiable? ¿O solo está adivinando?
- **Usa el pensamiento lógico.** Ten cuidado con el razonamiento. Que dos cosas ocurran al mismo tiempo no significa que una cause la otra. (Las ventas de helado y las quemaduras de sol aumentan en verano, pero ¡el helado no causa quemaduras de sol!).
- **Mira los dos lados.** Escucha opiniones diferentes. ¿Qué dicen las personas a favor y en contra de la idea?
- **Evita los trucos.** Ten cuidado con las palabras muy emocionales, las distracciones llamativas o cuando alguien dice: «Todo el mundo sabe que esto es verdad». Eso no es evidencia.
- **Cuidado con el pensamiento mágico.** Que algo sea misterioso no significa que la magia lo hizo. Puede que simplemente signifique que todavía no lo entendemos.

Carl Sagan nos recordó que el universo es enorme, hermoso y comprensible, pero solo si hacemos buenas preguntas y buscamos respuestas verdaderas.

Una vez dijo:

> *«Afirmaciones extraordinarias requieren evidencias extraordinarias».*

---

1 Carl Sagan, The Demon-Haunted Word: Science as a Candle in the Dark, ISBN 978-0345409461.

Es una forma inteligente de decir que *las ideas enormes necesitan pruebas enormes.*

Que está bien maravillarse... y **es** todavía mejor pensar con claridad. Que la ciencia no trata solo de telescopios y cohetes, sino de preguntar «¿Por qué?». Y que, con un corazón curioso y una mente despierta, tú también puedes alcanzar las estrellas... y quizá, algún día, tocarlas.

**Galileo Galilei: el observador del cielo que abrió su mente**

Hace mucho tiempo, en la tierra de la pizza, la pasta y las grandes ideas (¡Italia!), nació un niño llamado Galileo Galilei, en 1564. Fue curioso desde el principio. Siempre estaba probando, investigando y haciendo preguntas como:

¿Por qué las cosas caen hacia abajo?

¿Qué hay realmente allá arriba en el cielo?

¿Y si... todos están equivocados?

*Ilustración 24: Galileo Galilei*

Galileo no tenía miedo de las respuestas extrañas. Estaba orgulloso de decir:

«*¡Volvamos a mirar, con la mente abierta!*»

Un día, Galileo oyó hablar de un nuevo invento de los Países Bajos: un catalejo que hacía que las cosas lejanas se vieran más cercanas. Él no dijo solo: «Qué juguete tan genial». No. Construyó su propio telescopio, lo apuntó al cielo... y hizo descubrimientos que dejaron a muchos con la boca abierta.

Vio:

- Montañas en la Luna (¿cómo? ¿La Luna no es lisa?)

- Lunas girando alrededor de Júpiter (¡vaya! ¡No todo gira alrededor de la Tierra!)
- Las fases de Venus (como la Luna, pero distintas, mmm…)

Nada de eso encajaba con la vieja idea de que la Tierra era el centro de todo. Pero Galileo no entró en pánico ni ignoró lo que veía. Dijo:

*«Tal vez necesitamos una idea nueva. ¡Tal vez la Tierra gira alrededor del Sol!»*

Eso requirió mucho valor… y una mente muy abierta.

Mucha gente se enfadó. «¡La Tierra no puede moverse!», gritaban. Pero Galileo no estaba siendo grosero. Estaba siendo curioso. No quería discutir solo para tener la razón. Quería entender cómo funcionaba realmente el universo.

Incluso cuando personas poderosas le dijeron que se detuviera, Galileo seguía susurrando a las estrellas:

«Las escucho…»

Creía que hacer ciencia significaba cambiar de opinión cuando encuentras nuevas pruebas. Eso no es debilidad, es sabiduría.

Gracias a que Galileo se mantuvo abierto a lo que veía **con** su telescopio, ayudó a iniciar una forma totalmente nueva de hacer ciencia: observando, pensando y haciendo preguntas sin miedo.

Una vez dijo:

*«Todas las verdades son fáciles de entender una vez descubiertas. Lo importante es descubrirlas».*

Y descubrir significa estar listo para la sorpresa. Ser de mente abierta significa ser valiente. Significa soltar lo que crees saber y hacer espacio para lo que podría ser verdad.

Así que, la próxima vez que oigas algo extraño o veas algo nuevo, no digas solo: «Eso es imposible». Sé como Galileo. Levanta la mirada, abre la mente… y deja que el universo te enseñe algo asombroso.

## Gregor Mendel: el paciente recolector de guisantes

Hace mucho tiempo, en un rincón tranquilo de lo que hoy es la República Checa, vivía un hombre llamado Gregor Mendel. No llevaba bata de laboratorio ni viajaba por el espacio. No. Llevaba el hábito de un monje y trabajaba en un jardín. Pero no te dejes engañar: Gregor Mendel fue uno de los científicos más importantes de la historia. ¿Y sabes cuál era su superpoder?

*La paciencia.*

*Ilustración 25: Gregor Mendel y sus guisantes*

Mendel no inventó cohetes ni láseres. Plantaba guisantes. Guisantes verdes, arrugados, redondos, amarillos. ¡Guisante tras guisante tras guisante! Mientras otras personas se habrían aburrido, Mendel se mantenía tranquilo. Observaba. Esperaba. Contaba. Y luego… plantaba más.

Hizo esto durante ocho años completos. ¡Casi toda tu vida hasta ahora!

Sentía curiosidad por saber por qué algunos guisantes eran redondos y otros arrugados, por qué algunos eran amarillos y otros verdes. Así que polinizó las plantas con muchísimo cuidado y registró qué pasaba con la siguiente generación. Hizo tablas, apuntes y más tablas. Era como una agencia de detectives… pero de guisantes.

¿Y qué descubrió?

¡Las reglas de la herencia! Esa es una forma elegante de decir cómo se transmiten las características de padres a hijos, o de plantas de guisante a plantitas de guisante. Mendel encontró patrones que nadie había notado antes. Su trabajo fue el primer paso hacia lo que hoy llamamos genética.

Pero adivina qué: a nadie le importó cuando publicó sus resultados. Ni un solo «¡Hurra!». Ni un «¡Guau, Mendel, eres increíble!». Su descubrimiento se quedó en silencio durante más de 30 años.

¿Y Mendel se enfurruñó? ¿Pisoteó sus guisantes?

No. Siguió siendo amable, curioso y paciente.

Con el tiempo, el mundo lo alcanzó. Los científicos se dieron cuenta de que Mendel había descubierto algo enorme. Hoy, todos los libros de ciencias hablan de Mendel y de sus maravillosos guisantes.

Así que, la próxima vez que estés atascado con un problema o esperando tu turno, piensa en Gregor: el paciente recolector de guisantes, el monje que cultivó un jardín lleno de secretos y el hombre que demostró que, a veces, los mejores descubrimientos crecen despacio.

---

**Rosalind Franklin: la compañera que resolvía acertijos**

En la luminosa y bulliciosa ciudad de Londres nació una niña llamada Rosalind Franklin que amaba los acertijos. No solo los de piezas (aunque probablemente también le gustaban), sino los hechos de átomos, sombras y luz.

Rosalind no gritaba para llamar la atención ni daba pisotones. Dejaba que su trabajo hablara por ella. Estudió física y química, dos de las materias más difíciles del mundo. Luego

*Ilustración 26: Rosalind Franklin y su equipo*

descubrió algo casi mágico: con una técnica especial llamada cristalografía de rayos X, ¡se podían obtener fotos de cosas invisibles como las moléculas! Rosalind usó esa técnica para ayudar a resolver uno de los mayores misterios de la ciencia: cómo es el ADN.

El ADN es como una receta secreta para todo ser vivo. Todo el mundo quería saber cuál era su forma. Rosalind trabajó con un equipo en el King's College. Apuntó rayos X con enorme cuidado hacia diminísimas hebras de ADN y capturó una foto tan nítida y clara que la apodaron Fotografía 51. Esa foto resultó ser una pieza clave para descubrir la forma enroscada del ADN: la famosa doble hélice.

Pero aquí viene el giro: el equipo completo no siempre trabajaba bien en conjunto. Algunos científicos, como James Watson y Francis Crick, usaron la foto de Rosalind sin pedirle permiso primero. Ellos se hicieron famosos por construir el modelo del ADN, pero el trabajo cuidadoso de Rosalind fue lo que hizo posible ese descubrimiento. Y ella siguió adelante, colaborando con otros científicos, compartiendo ideas, escuchando las suyas y construyendo grandes respuestas en conjunto.

Después estudió virus, trabajando en equipo con otro científico llamado Aaron Klug. Juntos descubrieron cómo estaban construidos los virus, como si fueran detectives creando planos de castillos invisibles. Rosalind dirigía a su equipo con amabilidad, claridad y cuidado. No creía en presumir. Creía en trabajar juntos.

Rosalind Franklin no llegó a vivir lo suficiente para ver lo famoso que se volvería su nombre, pero hoy, científicos de todo el mundo la honran como una brillante compañera en el gran rompecabezas de la ciencia, una científica que demostró que algunos misterios solo se resuelven *entre varios*.

## Richard Feynman: el gran explicador

Si la ciencia fuera un circo, Richard Feynman sería el maestro de pista: lanzando ideas al aire, contando chistes y sacando los secretos del universo de su sombrero de copa.

Richard Feynman nació en 1918, en Nueva York, y desde el principio rebosaba curiosidad. De niño, desmontaba radios solo para ver cómo funcionaban (y, por suerte, volvía a montar la mayoría de ellas). Le encantaba descubrir cómo eran las cosas por dentro y, sobre todo, le fascinaba explicar lo que encontraba.

Cuando creció, se convirtió en un físico famoso en todo el mundo. Ayudó a desentrañar el poder de los átomos y exploró las partes más extrañas de la ciencia: ¡la mecánica cuántica! Ese es el mundo pequeñísimo de las partículas y las ondas, donde las cosas pueden estar en dos lugares a la vez o girar de formas invisibles. ¿Suena confuso? No, si te lo explicara Feynman.

Ilustración 27: Richard Feynman

Tenía una forma mágica de hablar de ideas complicadas. Usaba historias divertidas, dibujos alocados e incluso tambores bongós (sí, de verdad) para ayudar a la gente a entender. Una vez dijo: *«Si no puedes explicar algo de forma sencilla, es que no lo entiendes realmente»*. Por eso se esforzaba en hacer la ciencia sencilla. No sencilla-aburrida, sino sencilla-divertida.

En sus famosas Lecciones de Feynman, convirtió la física universitaria en una aventura emocionante. Sus libros, como *Surely You're Joking, Mr. Feynman!* (¿Está usted de broma, señor Feynman?), hacían que la gente se riera y aprendiera al mismo tiempo. Y cuando explotó una nave espacial, ayudó a descubrir por qué… y luego lo explicó con tanta claridad que cualquiera podía comprenderlo.

Richard Feynman no fue solo un científico. Fue un maestro, un comunicador, un cuentacuentos de la ciencia. Creía que el mundo estaba lleno de maravillas, y que esas maravillas deben compartirse.

Así que, la próxima vez que descubras cómo funciona algo, no te lo guardes. ¡Explícalo! Usa tus manos, tus palabras, incluso tus tambores, si los tienes. Sé como Feynman: convierte las ideas en fuegos artificiales de palabras y deja que iluminen las mentes de quienes te rodean.

## Michael Faraday: la chispa de la verdad

Michael Faraday no usaba bata de laboratorio. Ni siquiera fue a una escuela elegante. Pero tenía algo muy poderoso: un corazón lleno de curiosidad y una mente que no soportaba las mentiras.

Nació en Londres en 1791, hijo de un herrero. Tuvo que dejar la escuela siendo todavía un niño para ayudar a ganar dinero. Pero eso no lo detuvo. Leyó todos los libros que pudo encontrar, especialmente los de ciencia. Era encuadernador de libros de día, devorador de libros de noche... y soñador siempre.

*Ilustración 28: Michael Faraday y la electricidad*

Un día, el joven Michael pudo asistir a una conferencia científica de un famoso químico llamado Humphry Davy. Tomó notas, página tras página, y se las envió a Davy junto con una carta que, básicamente, decía: «¡Hola! Me encanta la ciencia. ¿Puedo trabajar con usted?».

¿Adivinas qué pasó? ¡Davy dijo que sí!

Michael se convirtió en asistente de laboratorio y, muy pronto, ya no solo ayudaba en los experimentos... ¡los dirigía! Descubrió que la electricidad y el magnetismo estaban conectados, lo que ayudó a crear los motores eléctricos. Descifró cómo convertir energía química en energía eléctrica. Su trabajo cambió el mundo.

Pero aquí está la parte que lo hace realmente extraordinario: nunca se inventaba resultados.

Michael creía que la ciencia consistía en encontrar la verdad, aunque no fuera la que uno esperaba. Si un experimento fallaba, no fingía que había salido bien. Si no sabía la respuesta, no se la inventaba. Una vez dijo: «*Nada es demasiado maravilloso para ser verdad consistente con las leyes de la naturaleza*». Eso significa que él creía que la naturaleza no miente... y que los científicos tampoco deberían hacerlo.

Llevaba notas detalladas, contaba lo que realmente sucedía y compartía sus descubrimientos libremente. Daba conferencias a niños como tú, charlas llenas de chispas, bobinas girando y luces brillantes. Pero, sobre todo, estaban llenas de honestidad.

Michael Faraday le mostró al mundo que no necesitas ser rico, ni llevar peluca empolvada, ni usar palabras complicadas para ser un gran científico. Solo necesitas curiosidad, valentía y la honestidad de seguir la verdad... adonde sea que te lleve.

## Johannes Kepler: el solucionador del rompecabezas de los planetas

Hace mucho tiempo, en una tierra de castillos y cometas, vivía un niño llamado Johannes Kepler. Le encantaba mirar las estrellas. Brillaban y danzaban sobre él como pequeños misterios en el cielo. Pero Johannes no solo se maravillaba con las estrellas. Quería saber qué estaban haciendo y por qué se movían como lo hacían.

Ahí es donde entraba en juego *la disciplina*.

Kepler no era el tipo de científico que hace un par de suposiciones rápidas y pasa a otra cosa. Oh, no. Era del tipo que se remanga, se sienta en su escritorio durante años... ¡y hace los cálculos a mano! Miles y miles de números, día tras día. Sus amigos probablemente pensaban que tenía estrellas hasta en la sopa, de tanto pensar en el cielo.

Ilustración 29: Johannes Kepler

Tenía una gran pregunta **en mente**: «¿Se mueven los planetas en círculos perfectos?». Todos pensaban que sí, pero Kepler no se conformaba con lo que "todos pensaban". Necesitaba pruebas.

Así que usó las notas de observación de planetas que había dejado otro observador del cielo llamado Tycho Brahe. Esas notas eran enormes, como un cofre del tesoro lleno de mediciones. Kepler **las estudió** como un detective en un caso interminable. Revisó y volvió a revisar los números, dibujó diagramas e incluso cometió errores. Pero no se rindió.

Después de años de trabajo duro (y seguramente de volcar más de un tintero), Kepler hizo un descubrimiento asombroso: los planetas no se mueven en círculos perfectos, sino en formas alargadas llamadas elipses. Puede sonar como un detalle pequeño, pero en realidad fue gigantesco. Ese descubrimiento ayudó a los científicos a entender la gravedad, construir cohetes e incluso enviar astronautas a la Luna.

Johannes Kepler nos enseñó que para resolver grandes misterios hace falta más que inteligencia. Hace falta disciplina. *La disciplina* es ese esfuerzo constante que continúa incluso cuando las cosas se ponen difíciles.

Así que, la próxima vez que veas una estrella, recuerda: alguien como Kepler trabajó durante años para entenderla. Y quizá tú también puedas resolver un misterio, si estás dispuesto a ser paciente y preciso.

---

### Nikola Tesla: el hombre que soñaba con chispas

En una noche de tormenta, en 1856, nació un bebé en una pequeña aldea de lo que hoy es Croacia. Los relámpagos iluminaban el cielo, los truenos retumbaban, y la comadrona exclamó: «¡Este niño será un hijo de la luz!». Ese bebé era Nikola Tesla, y vaya si tenía razón.

Desde el principio, Nikola vio el mundo de otra manera. Mientras otros niños jugaban con juguetes, él los construía. Mientras los demás miraban a los pájaros volar, él se preguntaba cómo podría volar él mismo. Su mente siempre estaba llena de imágenes, patrones y acertijos. No necesitaba papel para dibujar: pintaba inventos en su imaginación, hasta el tornillo más pequeño.

Un día imaginó una rueda de agua que pudiera girar para siempre. Otro día, vio en su mente un motor que no necesitaba chispa para seguir en marcha. Y cuando cerraba los ojos, no solo soñaba: diseñaba.

Cuando Nikola creció, se fue muy lejos de casa para

*Ilustración 30: Nikola Tesla pensando*

perseguir sus ideas. Trabajó para un inventor famoso llamado Thomas Edison, pero sus ideas sobre la electricidad eran muy distintas. Edison creía en la corriente continua (CC), donde la electricidad fluye en una sola dirección, como un río. Pero Tesla soñaba con la corriente alterna (CA), donde la electricidad va y viene, rápida y libre, como un relámpago.

Algunas personas pensaban que Tesla era demasiado imaginativo. Demasiado raro. Demasiado soñador. Pero, ¿adivina qué? Sus ideas funcionaron. Construyó motores que giraban con corriente alterna e iluminaron ciudades enteras. Hoy, la mayor parte de la electricidad en tu casa fluye exactamente como Tesla la imaginó: zigzagueando por los cables y llevando luz al mundo.

Y vaya si Tesla soñaba en grande. Quería darle al mundo electricidad gratuita, transmitida por el aire como la música de la radio. Incluso construyó una torre para enviar energía inalámbrica a través del océano. Su torre no tuvo éxito (en parte porque se quedó sin dinero), pero muchas de sus ideas "locas", como la comunicación inalámbrica, los rayos X, el radar e incluso los controles remotos, se hicieron realidad años después.

Nikola Tesla nunca dejó de imaginar. No lo hacía por dinero ni por trofeos. Lo hacía porque creía en un mundo mejor, impulsado por la ciencia, la curiosidad y el asombro.

Una vez dijo:

*«Que el futuro diga la verdad... El presente es de ellos; el futuro, por el que yo he trabajado de verdad, es mío».*

Así que, la próxima vez que te pierdas en un sueño despierto, o garabatees un robot en tu cuaderno, o te preguntes de qué están hechas las estrellas... ¡sigue así! El mundo necesita soñadores. Igual que Nikola Tesla.

Imagina con valentía. Sueña a lo grande. Y ayuda a iluminar el mundo.

## Chien-Shiung Wu: la científica que no se rindió

En una pequeña aldea de China nació una niña que un día cambiaría la ciencia para siempre. Su nombre era Chien-Shiung Wu. Corría el año 1912, y no se esperaba que muchas niñas llegaran muy lejos en sus estudios, pero los padres de Chien-Shiung eran diferentes. Su padre fundó una escuela solo para niñas, ¿y quién fue una de las primeras alumnas? ¡Exacto! Allí estaba la pequeña Wu, con un brillo curioso en los ojos y la mente llena de preguntas.

*Ilustración 31: Chien-Shiung Wu*

Devoraba libros. Resolvía acertijos. Soñaba con cosas invisibles, como átomos y partículas, y se preguntaba cómo se movían y giraban. Cuando llegó a ser una mujer joven, estaba lista para una gran aventura: dejó a su familia y cruzó el mar hacia Estados Unidos para estudiar física.

Pero cuando llegó, las cosas no fueron tan fáciles como había esperado.

Aunque Chien-Shiung Wu era brillantísima y trabajaba más duro que muchos de los que la rodeaban, a menudo la ignoraban. A veces no le daban crédito por sus descubrimientos. A veces se elogiaba a hombres por cosas que en realidad había hecho ella. Y en ocasiones, solo por ser mujer, le decían: «Espera» o «Inténtalo más adelante». Eso podría hacer que cualquiera quisiera rendirse.

Pero Wu no se rindió.

Se levantó una y otra vez... ¡con ciencia!

Se levantó con ideas.

Se levantó con experimentos tan ingeniosos que dejaban a otros científicos boquiabiertos.

Uno de sus experimentos más famosos tuvo que ver con algo llamado desintegración beta. La desintegración beta es cuando ciertas partículas salen disparadas de los átomos. Los científicos creían que, si dabas la vuelta a una partícula como si fuera su imagen en un espejo, se comportaría exactamente igual. Esa idea se llamaba "paridad". Pero Wu pensó: «¿Y si el universo no es tan justo?».

Diseñó un experimento súper preciso y súper frío para poner a prueba esa idea.

¿Y adivina qué? Tenía razón. ¡El universo rompía sus propias reglas! Su descubrimiento demostró que la naturaleza a veces tiene favoritos, y el mundo de la física se puso patas arriba.

Fue uno de los descubrimientos más grandes de la física. Dos hombres ganaron el Premio Nobel por la teoría. Pero Wu, quien la demostró con sus manos y su corazón, no recibió el premio.

Aun así, siguió adelante. No se pasó la vida discutiendo. No dio pisotones. Enseñó. Investigó. Brilló.

Y poco a poco, el mundo empezó a fijarse en ella. Se convirtió en la primera mujer presidenta de la Sociedad Americana de Física. Ganó decenas de premios. Escuelas y calles empezaron a llevar su nombre. La gente la llamó la "Primera Dama de la Física" y la "Reina de la Investigación Nuclear".

Pero más allá de todos los títulos, Chien-Shiung Wu nos mostró lo que de verdad significa la resiliencia. Nos enseñó que, cuando la vida te empuja hacia abajo, tú puedes levantarte de nuevo con amabilidad, valentía y una curiosidad imparable.

Así que, si alguna vez sientes ganas de rendirte, piensa en Chien-Shiung Wu. Ella no solo hizo historia. Hizo que *la brillantez de levantarse y seguir* adelante pareciera magia.

## Rachel Carson: la científica que habló por la Tierra

*Ilustración 32: Rachel Carson*

Érase una vez, junto al vaivén de las olas del mar, una niña llamada Rachel Carson. Nació en 1907 en un pequeño pueblo de Pensilvania. De niña, le encantaba explorar los bosques, escuchar el canto de los pájaros y soñar con océanos lejanos. Mientras otros niños jugaban con juguetes, Rachel estaba ocupada leyendo libros sobre animales, estrellas y ciencia. Incluso escribió su primera historia cuando solo tenía diez años.

A medida que fue creciendo, su amor por la naturaleza se hizo aún más fuerte. Se convirtió en científica, pero no del tipo que pasa el día en un laboratorio lleno de tubos burbujeantes. Rachel era una científica escritora. Tenía un don especial para explicar la ciencia con palabras claras y hermosas. Sus libros ayudaron a la gente a enamorarse de la naturaleza, especialmente del misterioso mar azul profundo.

Pero entonces Rachel descubrió algo inquietante. Los agricultores estaban usando unos potentes químicos llamados pesticidas para matar insectos. Uno de esos químicos se llamaba DDT. Al principio parecía algo útil: ¡los cultivos estaban a salvo de las plagas! Pero Rachel empezó a notar que los pájaros desaparecían. Los peces morían. Y quizá las personas también se estaban enfermando.

Se dio cuenta de que esos químicos no se quedaban solo donde se rociaban. Se extendían por el agua, el viento y la comida. Rachel sintió algo muy profundo en su corazón: un sentido de responsabilidad.

*«Alguien tiene que decir la verdad», pensó. «Alguien tiene que proteger la Tierra».*

Así que se puso manos a la obra.

Estudió cada dato. Revisó dos veces cada número. Se aseguró de que cada frase de su libro fuera verdadera y justa. Luego escribió *Silent Spring* (Primavera silenciosa), un libro que cambiaría el mundo. Advertía a la gente que, si no teníamos cuidado, la primavera podría llegar sin cantos de pájaros. Imagina un mundo en el que los petirrojos no cantan.

Algunas personas no querían escuchar. Grandes empresas intentaron callarla. Pero Rachel se mantuvo firme, como un faro en medio de la tormenta. No gritó ni insultó, simplemente compartió la verdad con calma.

Porque ser responsable no significa ser el más ruidoso. Significa ser cuidadoso, ser valiente y atreverse a hacer lo correcto, incluso cuando cuesta.

Gracias a Rachel Carson, la gente empezó a prestar atención. Se aprobaron leyes para proteger la naturaleza. Los pesticidas empezaron a ser probados con más cuidado. Y millones de personas entendieron que la Tierra necesita cuidadores.

Rachel Carson no solo amó la naturaleza: la cuidó. Le mostró al mundo entero que la ciencia siempre debe ir acompañada de corazón.

Y nos enseñó algo más: incluso una sola voz tranquila puede resonar por todo el mundo cuando habla con verdad y responsabilidad.

### Alexander Fleming: el héroe de la sorpresa mohosa

En Escocia, en una granja, nació un bebé llamado Alexander Fleming. No tenía un microscopio en la cuna ni una bata de laboratorio para las fotos de bebé. Pero incluso de niño, sentía curiosidad por cómo funcionaban las cosas, especialmente en la naturaleza. Le gustaba observar insectos, ver cómo crecían las plantas y preguntar «¿Por qué?» más veces de las que los adultos tenían respuesta.

Cuando creció, Alexander se mudó a Londres y se convirtió en médico. Pero no era solo un médico que veía

Ilustración 33: Alexander Fleming

pacientes: también era científico. Trabajaba en un laboratorio estudiando bacterias, criaturas tan pequeñas que necesitas un microscopio para verlas. Algunas bacterias son útiles, pero otras pueden enfermar mucho a las personas. Y en aquella época, si te daba una infección grave, los médicos no podían hacer gran cosa.

Fleming quería cambiar eso.

Y aquí es donde la historia se vuelve emocionante... y un poco desordenada.

Un día cálido de 1928, Fleming dejó su laboratorio para tomar unas vacaciones. No limpió todos sus platos de Petri (esas pequeñas cajitas planas que usan los científicos para cultivar bacterias). Cuando regresó, notó algo extraño. ¡Uno de los platos se había llenado de moho! Había una bolita borrosa justo en el centro.

La mayoría de la gente habría dicho: «¡Qué asco!» y lo habría tirado a la basura.

Pero Alexander Fleming no.

Se inclinó sobre el plato. Entrecerró los ojos detrás de sus gafas. Y se dio cuenta de algo asombroso: alrededor del moho... ¡las bacterias habían desaparecido! El moho las estaba matando.

«¿Qué es este moho maravilloso?», se preguntó.

Fleming no dijo: «Oh no, ¡mi experimento está arruinado!». Dijo: «Está pasando algo nuevo aquí. ¡Voy a descubrir qué es!».

Eso es *flexibilidad*: la capacidad de cambiar tus planes, seguir la sorpresa y aprender algo nuevo.

Estudió el moho y descubrió que producía una sustancia especial que podía combatir las bacterias. La llamó penicilina. Se convirtió en el primer antibiótico. Un antibiótico es un tipo de medicina que lucha contra las infecciones.

Al principio, la gente no se dio cuenta de lo grande que era este descubrimiento. Pero años más tarde, durante la Segunda Guerra Mundial, otros científicos encontraron la manera de producir mucha penicilina, y salvó millones de vidas.

Gracias a la mente flexible de Fleming, un accidente mohoso se convirtió en uno de los mayores descubrimientos de la historia de la medicina.

Entonces, ¿qué podemos aprender de Alexander Fleming?

- No tengas miedo de los errores
- Mira de cerca lo inesperado
- Estate dispuesto a cambiar de opinión
- Y mantén siempre viva tu curiosidad

Cuando los científicos son flexibles, los descubrimientos más grandes pueden nacer de los momentos más desordenados.

### Charles Darwin: el explorador que no tenía miedo de decir «No lo sé»

En el mundo real de la ciencia, en 1809, nació un bebé llamado Charles Darwin en Shrewsbury, Inglaterra. No creció con superpoderes ni varitas mágicas. Pero tenía algo igual de poderoso: curiosidad.

De niño, Charles era un coleccionista. Plumas, insectos, escarabajos, huesos… cualquier cosa que se moviera, brillara o pareciera misteriosa terminaba en sus bolsillos. (¡Seguro que a su madre no le encantaba lavar su ropa!) A Charles no siempre le gustaban las tareas del colegio, y no era el tipo de niño que levantaba la mano con todas las respuestas. Pero sí amaba hacer preguntas. Y no cualquier pregunta, sino las grandes:

- ¿Por qué hay tantos tipos de animales?
- ¿De dónde salieron todos?
- ¿Por qué cambian?

Cuando Charles creció, recibió la oportunidad de su vida: viajar alrededor del mundo en una expedición científica a bordo de un barco llamado HMS Beagle. No era el capitán. Ni siquiera era oficialmente el científico del barco (al principio). Estaba allí para observar la naturaleza. Y lo hizo de manera maravillosa.

Ilustración 34: Charles Darwin con pinzones

Desde las costas de Sudamérica hasta las lejanas islas Galápagos, Charles vio criaturas de todas las formas y tamaños. Notó algo curioso: los pinzones de una isla se veían distintos a los de otra. Uno tenía un pico largo y puntiagudo para atrapar insectos. Otro tenía un pico grueso y fuerte para romper semillas. «¿Podrían ser todos estos pájaros primos entre sí?», se preguntó. «¿Habrán cambiado con el tiempo para adaptarse a sus hogares?»

Esa pregunta se volvió un misterio en el que Charles trabajó durante años. De vuelta en Inglaterra, no se apresuró. No gritó «¡Eureka!» ni escribió un libro al día siguiente. No, Charles fue paciente. Crió palomas. Estudió fósiles. Leyó libros. Hizo dibujos. Dio largos paseos y pensó profundamente. Y, a veces, dijo la frase más valiente que puede decir un científico: «*Todavía no estoy seguro*».

Verás, Charles Darwin creía que ser un buen científico significaba escuchar a la naturaleza, no solo hablar sobre ella. No fingía saber todas las respuestas. De hecho, esperó veinte años antes de publicar su libro más famoso, «*On the Origin of Species*» (El origen de las especies). Y aun en ese libro reconocía: «Hay muchas cosas que todavía no entendemos». Era honesto. Era cuidadoso. Era humilde.

Y eso fue lo que lo hizo grande. Porque la ciencia no se trata de ser la persona más lista de la sala. Se trata de ser lo bastante valiente para preguntarse: «¿Y si estoy equivocado?» y lo bastante sabio para escuchar cuando el mundo susurra algo nuevo.

Así que la próxima vez que tengas una gran pregunta o que no estés seguro de algo, recuerda a Charles Darwin: el niño con escarabajos en los bolsillos, el explorador con un cuaderno lleno de pájaros y el científico que cambió el mundo diciendo: «*No lo sé... todavía*».

## Tycho Brahe: el extraordinario medidor de estrellas

En el frío reino de Dinamarca, bajo un cielo lleno de brillo, nació un bebé. Ese bebé crecería y se convertiría en Tycho Brahe, el hombre que llegaría a medir los cielos como nadie lo había hecho antes.

*Ilustración 35: Tycho Brahe midiendo las estrellas*

Tycho no era un observador de estrellas cualquiera. No se conformaba con mirar al cielo y decir: «Esa estrella es bonita». No. Él quería saber exactamente dónde estaba cada estrella. ¿Qué tan alta? ¿Qué tan brillante? ¿Qué tan lejos de aquella otra que titila por allá? Tenía curiosidad, sí, pero además tenía algo más: una *precisión increíble*.

Tycho nació en 1546, cientos de años antes de que existieran los telescopios. Pero eso no lo detuvo. Construyó sus propias herramientas: enormes instrumentos de metal que parecían una mezcla entre un compás, una regla y un columpio gigante. Incluso construyó toda una isla-observatorio llamada Uraniborg, que significa "Castillo de los Cielos". ¡Tenía su propia isla solo para estudiar las estrellas!

Cada noche, Tycho se envolvía en cálidas túnicas de lana, salía bajo el cielo oscuro y empezaba a registrar datos. No tenía prisa. No era descuidado. Si la Luna se movía aunque fuera un poquitito, él se daba cuenta. Si un planeta se desplazaba un pelito hacia la izquierda, Tycho lo notaba. Lo escribía todo en pequeñas notas ordenadas, siempre comprobando, siempre midiendo dos o tres veces. Sus registros eran los más precisos del mundo, y los mantuvo durante décadas.

En 1572, también se dio cuenta de algo asombroso. ¡Había aparecido una nueva estrella brillante en el cielo! Hoy sabemos que era una supernova (una estrella que explota), pero en aquella época la gente creía que los cielos nunca cambiaban. Las mediciones cuidadosas de Tycho ayudaron a demostrar que sí cambiaban.

Ahora bien, Tycho no era serio todo el tiempo. Le encantaba lo dramático. Llevaba ropa extravagante, tenía un alce domesticado como mascota y usaba una nariz de metal porque había perdido la suya en un duelo de espadas... ¡por un problema de matemáticas! (No intentes eso en casa).

Pero detrás del alce y de la nariz metálica, Tycho era un científico que creía que la verdad estaba en los detalles. Su precisión abrió el camino para que su ayudante, Johannes Kepler, descubriera que los planetas se mueven en elipses, órbitas ovaladas, y no en círculos perfectos. Sin los mapas del cielo de Tycho, es posible que hoy todavía estuviéramos haciendo conjeturas.

Así que, la próxima vez que mires las estrellas y te preguntes qué hay ahí fuera, recuerda a Tycho Brahe, el hombre que levantó la vista y dijo:

«Vamos a medirlo».

Y luego... ¡lo midió con una *precisión* extraordinaria!

# Dmitri Mendeléiev: maestro del orden en un mundo químico caótico

Dmitri Mendeléiev nació en un pueblo frío de Siberia, Rusia, en 1834. Era el más pequeño de una familia muy grande. ¡Algunos dicen que tuvo hasta 17 hermanos y hermanas! Con tantos zapatos, libros y cuencos por toda la casa, no es raro que Dmitri aprendiera a ser organizado.

Cuando Dmitri era joven, le encantaba aprender, especialmente ciencia. Pero la vida no siempre fue fácil. Su padre se quedó ciego y luego falleció, así que su madre trabajó muy duro para ayudar a Dmitri a conseguir una buena educación. Incluso lo llevó en un largo viaje a través de Rusia para inscribirlo en la mejor escuela que pudo encontrar.

*Ilustración 36: Dmitri Mendeléiev y la tabla periódica*

Dmitri estudió química y pronto notó algo extraño: el mundo de los elementos químicos era un completo desastre. Los científicos habían descubierto más de 60 elementos, pero nadie sabía bien cómo se relacionaban entre sí. No había un sistema, solo un montón de nombres y números todos revueltos, como un cajón desordenado lleno de piezas de LEGO.

Pero Dmitri tenía un poder especial: la organización. Veía patrones donde otros solo veían confusión. Así que se puso a trabajar.

Escribió todos los elementos conocidos en tarjetas individuales, una por cada elemento. En cada tarjeta anotó el nombre del elemento, su peso y sus propiedades. Luego las colocó sobre una gran mesa, como si estuviera jugando a un enorme "memory" con elementos.

Los ordenó por peso atómico, del más ligero al más pesado, pero eso no bastaba. Algunos elementos se comportaban de forma parecida, y Dmitri pensó: «Mmm... quizá deberían estar juntos».

Barajó. Ordenó. Observó. Garabateó. Probablemente tomó mucho té.

Por fin, apareció un patrón. Ciertos elementos repetían su comportamiento de forma regular. Era como una canción con un ritmo que vuelve una y otra vez. Dmitri había descubierto la ley periódica, el ritmo secreto de los elementos.

Con una gran sonrisa (y seguramente un buen bostezo), Dmitri creó la tabla periódica de los elementos. Cada elemento tenía un hogar. Incluso dejó espacios en blanco donde ningún elemento conocido encajaba. Pero él estaba seguro de que debían existir.

La gente pensó que estaba un poco loco. «¡No puedes dejar huecos en tu tabla!», le decían.

Pero Dmitri solo sonreía y respondía: «Esperen y verán».

Años después, los científicos descubrieron exactamente los elementos que Dmitri había predicho: galio, escandio y germanio, que encajaron en su tabla perfectamente, como piezas de un rompecabezas que él había visto antes de que existieran.

Sus registros cuidadosos, su tabla ordenada y su amor por poner todo en su sitio ayudaron a los científicos a entender los ladrillos básicos de todo: desde el aire y el agua hasta la crema de cacahuete y los planetas.

Gracias a Dmitri, la química dejó de ser un caos y empezó a tener sentido.

Datos curiosos sobre Dmitri Mendeléiev:

- Una vez hizo su maleta de forma tan organizada que pudo viajar durante semanas con solo un baúl.
- Llevaba una barba larga y salvaje, pero sus cuadernos siempre estaban limpios y ordenados.
- Incluso ayudó a diseñar un nuevo sistema de pesos y medidas en Rusia, porque organizar no era solo su pasatiempo, ¡era su superpoder!

Moraleja: si tu mochila está ordenada, tu cajón de calcetines está en perfecto estado y tus cartas o colecciones están clasificadas "como tú sabes", estás pensando como Dmitri. ¿Quién diría que ser organizado podría cambiar el mundo?

## Sophie Germain: la mujer que preguntó «¿Por qué?» una y otra vez

En el corazón de París, en una época de revolución y cambio, una niña llamada Sophie Germain descubrió algo más poderoso que los fuegos artificiales y las banderas: un libro sobre números. Solo tenía trece años, pero cuando leyó sobre Arquímedes, el sabio griego que estaba tan concentrado que ni siquiera notó que un ejército enemigo entraba en la ciudad, Sophie quedó fascinada.

*Ilustración 37: Sophie Germain*

«Si las matemáticas pueden hacer que una persona se olvide de todo lo que la rodea», pensó Sophie, «entonces quiero saber qué las hace tan maravillosas».

Pero había un problema. A finales del siglo XVIII, la gente decía que las niñas no debían estudiar matemáticas. Se suponía que debían tejer, cocinar y escribir poesía, no pensar en los secretos del universo. Pero Sophie... Sophie sí escribía, solo que escribía en ecuaciones.

Por la noche, cuando la casa estaba en silencio y su familia creía que dormía, Sophie se escabullía de la cama, encendía una vela y hacía matemáticas debajo de las mantas. Sus padres la descubrieron una vez y le quitaron las velas, esperando que se rindiera. Pero Sophie no se rindió. Simplemente encontró más velas.

Al crecer, quiso aprender mucho más. Pero la gran escuela de París, la École Polytechnique, no permitía mujeres. Así que Sophie ideó un plan ingenioso: tomó prestado el nombre de un antiguo estudiante, Monsieur LeBlanc, y empezó a enviar tareas por correo con ese nombre.

Los profesores estaban maravillados con su trabajo. Un día le escribió al famoso matemático Carl Friedrich Gauss. Él quedó tan impresionado con sus ideas que le respondió, alabando su mente y su profunda comprensión. No tenía idea de que Sophie era una mujer hasta que un hombre amable se lo contó durante una época de guerra. Gauss se sorprendió y se alegró. Dijo que había pocos hombres capaces de igualar su talento.

Pero Sophie no hacía matemáticas por los aplausos. Lo hacía porque tenía preguntas. Estudió teoría de números, preguntándose por qué algunos números «bailaban» juntos mientras otros se quedaban solos. Y entonces se hizo un nuevo tipo de «por qué»:

¿Por qué las placas de metal vibran en patrones tan hermosos cuando las golpeas?

Esa «música del metal» no solo era interesante, también era un misterio. Los científicos llevaban años rascándose la cabeza. Sophie trabajó más de una década en este problema. Siguió adelante incluso cuando otros se rindieron, y al final encontró una respuesta tan importante que ayudó a construir la ciencia de la elasticidad. La elasticidad estudia cómo las cosas se doblan, se estiran y vibran.

Cuando se presentó a un concurso para resolver ese problema, no ganó la primera vez. ¿Y eso la detuvo? Por supuesto que no. Corrigió su trabajo, lo mejoró y volvió a intentarlo. La siguiente vez, ganó.

Sophie Germain nunca dejó de preguntar «¿por qué?». Ni cuando sus padres le dijeron que parara. Ni cuando la sociedad dijo que no. Ni cuando los problemas se volvían difíciles. Su mente curiosa la llevó mucho más lejos de lo que nadie esperaba, y hoy, matemáticos de todo el mundo siguen estudiando su trabajo y admirando su valor.

Así que, si alguna vez te preguntas por qué el cielo es azul, por qué los números se comportan de forma tan extraña o por qué vibra una cuerda de guitarra como vibra, recuerda esto: estás siguiendo los pasos de Sophie Germain, la mujer que preguntó «¿Por qué?» una y otra vez... y cambió el mundo con sus preguntas.

## Paul Erdős: el hombre que amaba los números más que dormir

*Ilustración 38: Paul Erdős apareciendo en un umbral*

La mayoría de las personas llevan una mochila al colegio. Paul Erdős llevaba algo distinto: una mente llena de matemáticas y poco más. Nació en Hungría en 1913, y cuando tenía apenas cuatro años ya podía hacer cuentas con las que los adultos se enredaban. Si le decías tu fecha de nacimiento, él podía decirte rápidamente cuántos segundos habías vivido. ¿Quién necesita calculadora cuando tiene un cerebro impulsado por las matemáticas?

Pero Erdős no se detuvo ahí. A medida que creció, se fascinó aún más con los números, especialmente con los números primos (esos que solo se pueden dividir entre 1 y ellos mismos, como 2, 3, 5 y 7). Pensaba que los primos eran como pequeñas islas solitarias en el mar de los números, y quería descubrir sus secretos.

Aquí viene la parte divertida: Paul Erdős no se instaló en un lugar como hace la mayoría de la gente. No compró casa ni coche. No se casó ni tuvo hijos. En vez de eso, se convirtió en un nómada de las matemáticas. Viajaba por todo el mundo con una sola maleta, visitando a otros matemáticos y llamando a sus puertas para decir: «*Mi cerebro está abierto*».

Eso era el código de Erdős para: «¡Hagamos matemáticas juntos!».

Era como un superhéroe de las matemáticas, apareciendo donde hubiera problemas difíciles para ayudar a resolverlos. Escribió más de 1.500 artículos, más que casi nadie en la historia de las matemáticas, y trabajó con más de 500 personas. Si alguna vez escribías un artículo con Erdős, conseguías lo que se llamó un "número de Erdős". Si trabajabas con alguien que había trabajado con él, tu número era 2. Si trabajabas con alguien que había trabajado con alguien que había trabajado con él... tu número podía ser 3, y así sucesivamente. Cuanto más pequeño tu número de Erdős, más cerca estabas de su magia matemática.

También inventó su propio lenguaje gracioso. Llamaba a los niños "épsilons", por la letra griega $\varepsilon$, que en matemáticas se usa para algo muy, muy pequeño.

Erdős creía que en el cielo existía un libro perfecto, *«El Libro»*, donde estaban escritas las demostraciones más elegantes y hermosas de todas las matemáticas. Cada vez que resolvía un problema de una forma especialmente ingeniosa, imaginaba que esa solución venía directamente de *El Libro*.

No le importaba el dinero. Regalaba la mayor parte a estudiantes, concursos de matemáticas o amigos que lo necesitaban. Dormía en habitaciones de invitados y en sofás. Vivió con una maleta hasta el final, viajando, pensando, resolviendo y compartiendo.

Cuando Erdős murió en 1996, todavía estaba trabajando en problemas de matemáticas.

Su historia nos recuerda que las matemáticas no van solo de números: también van de *alegría, amistad, curiosidad* y *juego*. Paul Erdős no solo hacía matemáticas, las amaba con todo su corazón.

Así que, la próxima vez que resuelvas un acertijo difícil, o te preguntes qué sigue en un patrón, o encuentres un número que te parezca especial, imagina a Erdős dándote un golpecito en el hombro y susurrando: *«Mi cerebro está abierto»*.

# Leonhard Euler: mago de las matemáticas

«**Euler**» se pronuncia «**Óiler**». De verdad, ¡en serio! Viajemos unos cientos de años atrás, a un pueblo en Suiza, donde un niño llamado Leonhard Euler estaba ocupado haciendo algo en lo que la mayoría de los niños ni siquiera pensaban: hacía matemáticas por diversión.

Ilustración 39: Leonhard Euler

Mientras otros niños jugaban con canicas o se inventaban juegos, Leonhard jugaba con números, figuras y símbolos. Le encantaba preguntar: «¿Y si...?»

- ¿Y si unieras todas las esquinas de una figura con líneas?
- ¿Y si los números pudieran volar por el espacio como flechas?
- ¿Y si intentaras cruzar todos los puentes de una ciudad una sola vez, sin retroceder?

Cada pregunta que hacía era un rompecabezas, y Euler era un verdadero maestro de los rompecabezas.

Al crecer, su amor por las matemáticas no se apagó. De hecho, ¡explotó! Resolvió problemas que nadie más sabía solucionar. Descubrió formas completamente nuevas de hacer matemáticas que todavía se usan todos los días.

Aquí tienes solo algunos de sus superpoderes matemáticos:

- **El número e**: es como la "salsa secreta" de las matemáticas. Euler ayudó a mostrar por qué es tan importante, ¡y hasta lleva la inicial de su apellido!
- **La fórmula de Euler**: un puente casi mágico que conecta líneas, curvas, ángulos e incluso círculos. Algunos dicen que es la ecuación más hermosa del mundo.
- **La teoría de grafos**: se preguntó cómo cruzar los siete puentes de una ciudad sin pasar dos veces por el mismo

puente. Esa idea dio inicio a una rama nueva de las matemáticas llamada topología.
- **π (pi)**: sí, también aquí. Encontró formas ingeniosas de calcular π con muchísimos decimales.

Cuando Euler tenía unos 59 años, ocurrió algo triste: perdió completamente la vista. Pero ¿dejó por eso las matemáticas? ¡Ni hablar!

Simplemente las imaginaba en su cabeza. Podía visualizar ecuaciones gigantes girando en el espacio, imaginar figuras que bailaban y resolver problemas difíciles sin escribir nada. Su habilidad matemática era tan **grande** que no necesitaba papel. No necesitaba ver. Vivía en su mente y en su corazón.

El secreto de Euler no era la magia, eran la práctica, la constancia y el juego. Disfrutaba pensar intensamente. Le encantaba entender el mundo usando números.

Así que, si tú:
- Disfrutas resolviendo acertijos,
- Haces grandes preguntas de «¿Y si...?»,
- Y te gusta probar, equivocarte y volver a intentar...

Entonces, amigo o amiga, estás pensando como Leonhard Euler, ¡un verdadero maestro de la habilidad matemática!

## James Clerk Maxwell: el maestro de los patrones ocultos

En una zona tranquila de Escocia, donde las colinas ondulan como olas del mar y las ovejas salpican los prados como malvaviscos, creció un niño llamado James que no dejaba de hacer preguntas. Preguntas profundas. No solo «¿Por qué el cielo es azul?», sino también «¿De qué está hecha la luz?» y «¿Pueden las cosas invisibles seguir reglas también?».

James no era ruidoso ni presumido. Era amable, reflexivo y curioso, de una forma que nunca se apagaba. Si le dabas un acertijo, él lo giraba, le daba la vuelta, lo ponía patas arriba e incluso inventaba nuevos acertijos solo para entenderlo mejor.

Mientras otros niños corrían por el bosque, James se detenía a observar cómo un rayo de luz rebotaba en una ventana o cómo las limaduras de hierro "bailaban" alrededor de un imán. No solo quería saber qué pasaba, quería saber cómo funcionaba exactamente.

A eso se le llama maestría técnica: cuando alguien llega a ser tan bueno en algo que puede ver los detalles más pequeños y usarlos para construir algo poderoso. Y James Clerk Maxwell fue un maestro como ningún otro.

*Ilustración 40: James Clerk Maxwell*

James estudió las matemáticas como un artista estudia sus pinceladas. Donde los pintores mezclan colores, Maxwell mezclaba números y formas. Creía que las matemáticas podían describirlo todo. Incluso las cosas que no podíamos ver. Y tenía razón.

Uno de sus mayores logros fueron las ecuaciones de Maxwell. Suenan elegantes, y lo son, pero en el fondo son como un mapa que muestra cómo la luz, la electricidad y el magnetismo están conectados. Nadie lo había demostrado antes.

Era como si Maxwell hubiera corrido la cortina del universo y hubiera dicho: «¡Miren! Estas fuerzas que giran por todas partes siguen reglas hermosas. Y aquí están, escritas en cuatro pequeñas ecuaciones».

¿Te gusta encender una linterna? ¿Ver vídeos en tu tableta? ¿Escuchar el trueno después de un relámpago? Todas esas cosas tienen que ver con ondas electromagnéticas, justo eso es lo que Maxwell describió hace más de 150 años.

De hecho, cada vez que enciendes una luz, envías un mensaje de texto o te conectas al Wi-Fi, un pedacito de la genialidad de Maxwell está trabajando detrás de escena.

Incluso Albert Einstein, uno de los científicos más brillantes de la historia, dijo una vez que todo lo que él hizo fue "subirse a los hombros" de James Clerk Maxwell. Tenía una foto de Maxwell en la pared, no porque fuera famoso, sino porque era brillantísimo de la forma más silenciosa posible.

James no construyó cohetes. No ganó montones de medallas. Simplemente estudió el universo con tanta atención, con tanta precisión, que reveló secretos que nadie había visto antes.

Así que, si te encanta resolver acertijos, encontrar patrones o dibujar diagramas que te ayuden a entender el mundo, entonces te pareces un poco a James Clerk Maxwell. Porque a veces, ser un verdadero maestro no significa hacer mil cosas: significa alcanzar *la maestría técnica*: hacer una cosa increíblemente bien... y cambiar el mundo gracias a ello.

www.ingramcontent.com/pod-product-compliance
Lightning Source LLC
Chambersburg PA
CBHW050049080526
44586CB00014B/1521